现代职业教育体系研究

刘丽萍　王娜娜　刘凤景　著

中国原子能出版社

图书在版编目（CIP）数据

现代职业教育体系研究 / 刘丽萍，王娜娜，刘凤景
著. --北京：中国原子能出版社，2023.12
ISBN 978-7-5221-3264-8

Ⅰ. ①现… Ⅱ. ①刘…②王…③刘… Ⅲ. ①职业教
育–教育体系–研究–中国 Ⅳ. ①G719.2

中国国家版本馆 CIP 数据核字（2024）第 014116 号

现代职业教育体系研究

出版发行	中国原子能出版社（北京市海淀区阜成路 43 号　100048）
责任编辑	潘玉玲
责任校对	冯莲凤
责任印制	赵　明
印　　刷	北京天恒嘉业印刷有限公司
经　　销	全国新华书店
开　　本	787 mm×1092 mm　1/16
印　　张	16
字　　数	240 千字
版　　次	2023 年 12 月第 1 版　2023 年 12 月第 1 次印刷
书　　号	ISBN 978-7-5221-3264-8　　**定　价　76.00 元**

发行电话：010-68452845

前　言

近年来，我国对职业教育的发展给予了高度关注，政府层面，制定了一系列职业教育政策；社会层面，各行各业的企业积极参与到职业教育中来，举办职业教育活动，开展多元化的校企合作人才培养模式，以及现代学徒制的探索和实践；职业院校层面，正在逐步形成普职融通及中职、高职、职教本科、专业研究生教育上下贯通的职业教育体系。然而，必须承认，我国的职业教育体系仍然不够成熟，尤其是高等职业教育体系还不够健全。部分学校本科层次的职业教育还处于起步和探索阶段，人才培养目标和办学定位还不够清晰，人才培养质量标准和课程标准还不够完善。产教融合、校企合作仍然是职业教育人才培养过程中最为薄弱的环节。这与新一轮科技革命和产业变革背景下我国制造业转型升级和制造强国战略对高素质职业技能型人才的新要求不相适应。因此，我国需要进一步改革和完善职业教育体系，提高职业教育的质量和水平，以适应新时代的发展需求。

本书全面分析了职业教育的各个方面，包括理论建构、培养目标、专业设置、课程设计、教学方法、师资队伍建设、产学合作等，旨在深入研究和探讨现代职业教育的体系构建、发展趋势及其对社会、经济和个体的影响，以期为现代职业教育体系建设提供指导和借鉴。

由于作者水平有限，书中难免有不足之处，望广大读者批评指正。

目　　录

第一章　概　述

第一节　基础理论

一、职业教育

（一）职业教育的内涵

职业是指个人在社会中从事的作为主要生活来源的工作。那么，什么是职业教育呢？杜威认为，为从事职业工作做准备的教育就是职业教育；斯内登则认为，职业教育是为生活做准备的教育。

职业教育是一个不断发展和变化的概念。随着社会经济的进步和终身学习时代的到来，职业教育的内涵也在不断演变。太仓中专的校长周新源先生曾指出，职业教育不仅是关于职业的教育，更是关于培养现代职业人职业素养的教育。因此，职业教育的核心应该是培养具备良好职业素养的现代职业人。

现代职业教育是随着现代社会的进步、经济的发展和个人需求层次的提升而蓬勃发展的。它的本质特征在于对社会需求的适应性及对个人需求的满足性。换句话说，职业教育旨在为社会经济发展培养实际应用型人才，为受教育者提供就业和实现自身社会价值的机会，最终实现双方的和谐共赢。

因此，在当前社会中，职业教育致力于帮助个人实现自身价值的同时，培养符合职业或劳动环境所需的技术技能应用型人才。它依托学校、企业、培训机构等多种社会组织机构，以社会发展和职业需求为导向，以实践应用性技术和职业文化为教育内容，注重理论学习和实践操作的结合，使受教育者掌握或提升相应的职业技术技能，形成正确的职业认知，并获得相应的职业资格证书，从而顺利进入工作体系并胜任职业。

现代职业教育不受受教者年龄和文化程度的限制，体现了大职业教育观的理念。

（二）职业教育的特征

1. 职业教育培养技术技能型人才

培养目标决定了教育的类型，而职业教育独特的培养目标定位正是它与学术教育、工程教育和普通教育的区别所在。自改革开放以来，我国职业教育的培养目标经历了从最初的技术员、实用人才和应用型人才到今天的技术技能人才的提升和发展。通过对培养目标在文字表述上的发展变化的分析，我们可以发现，职业教育始终强调技术技能，坚持面向社会生产服务一线，为直接从事物品生产交换或服务的职业领域培养人才。这些人才具备实际操作或服务的技术技能，能够独立完成生产或服务工作，如钳工、会计、厨师、服务员等，他们是社会物质财富和精神财富的直接创造者。相比之下，学术教育和工程教育注重培养善于进行理论思维或设计与规划的人才，而普通教育则注重传递社会共同价值观和基础文化知识。培养目标定位的差异从根本上区分了这几类教育。

2. 职业教育将受教育者导入工作体系

从职业教育的发展历程来看，它最早起源于工作体系中的"师徒相授"。从逻辑角度来看，职业教育的最终目标是让接受职业教育的人进入工作体系，从事某项职业，而不是学术教育的知识体系。这两种完全不同的功能导向也体现了职业教育与学术教育的本质区别，同时也表明了职业教育具有更为坚实和广泛的社会基础，职业是职业教育的逻辑起点。

3. 职业资格证书是职业教育的特有产物

职业资格证书是接受职业教育者达到规定职业标准、具备从事相关职业工作能力和素质的标志，是职业教育特有的产物。特别是我国实行市场准入制以来，职业资格证书的价值和意义得到了社会的广泛认可。在许多行业，尤其是涉及公共安全、生命财产安全等相关行业，持有相关职业资格证书已成为必要条件。接受职业教育是获得职业资格证书的唯一途径。鉴于职业资格证书的重要性，学历（学位）职业教育在颁发学历证书的同时，也重视职业资格证书的建立，积极推行双证书制度。依靠双师型教师队伍，理论学习与实践操作并重，这与其他类型的教育有着明显的区别。

（三）职业教育培养的人才结构

社会市场经济的发展决定了所需的人才结构，而人才结构又决定了教育培养目标，从而决定了教育的类型。因此，正确认识人才结构对于分析判断现代职业教育体系构成要素具有重要意义。一般来说，人才结构可以分为学术型人才、工程型人才、技术型人才和技能型人才四类，分别对应科学家、工程师、技术员和技术工人。

学术型人才主要从事研究、发现客观规律等工作，他们的任务主要是将自然科学和社会科学领域中的客观规律转化为科学原理；他们的知识结构主要由基础科学的知识体系组成，研究目的在于探求事物的本质和规律，而不经常与具体的社会实践发生关系。工程型人才主要依靠学术型人才发现的理论知识，将科学原理及学科知识最终转化为设计方案或设计图纸。

技术型人才也称执行型人才，主要从事产品开发、生产现场管理、经营决策等活动，将工程型人才设计的方案与图纸转化为产品。这种人才可分为生产类、管理类和职业类三类。技能型人才也称操作型人才，主要是依靠熟练的操作技能具体完成产品的制作，把决策、设计、方案等变成现实，最终转化为产品、服务、管理和效益。后两种类型人才是社会物质财富和精神财富的直接创造者，在生产一线为社会谋取直接利益，将存在于纸面上的规划、决策、设计等变换成物质形态。二者都强调应用性，但前者主要运用理论技术和智力技能来工作，侧重于对一线工作者的指导；后者主要依赖经验技术和操作技能，侧重于操作，强调一线操作。二者劳动的主要组成部分分别是智力活动和动作技能。

由此可知，学术型和工程型人才与技术型和技能型人才在能力构成方面存在差异，其对应的工作领域和发展空间也存在很大的差异。技术型和技能型人才与职业教育密不可分，技术型和技能型人才的培养任务也需要通过职业教育来完成，强调实践能力和应用能力的培养。而学术型和工程型人才则主要由普通教育体系中的高等教育（包括本科和研究生教育）来培养。

二、现代职业教育体系

（一）体系

《辞海》中对"体系"的解释是："若干有关事物互相联系、互相制约而构成的一个整体。"包含三层意思：体系是由若干要素组成的；这些要素既是独立的，又是相互联系和相互制约的；体系不是要素的机械叠加，而是一个有机整体。

要素是构成体系不可或缺的、最基本的组成部分。要素决定了体系的功能、性质、属性和特点。因此，了解职业教育体系的基本要素是进行研究的基础。

职业教育体系是由各个层次和各种教育形式相互联系、相互制约而构成的一个整体。在我国，职业教育体系由学历（学位）职业教育子体系和职业培训两个主要要素构成。这两个不同的构成体系内部又包含多个构成要素。前者是职业教育体系的主要组成部分，处于主导地位，将职业教育划分为初等、中等和高等三个阶段，具体包括初等职业教育、中等职业教育、高等专科职业教育、应用技术型本科职业教育和专业学位研究生教育。各个构成要素根据社会分工和学科知识确定培养方向，从而构成了学历（学位）职业教育体系。后者按照职业培训的发展方向，包括基于政府公共服务职能的公共职业培训、基于职业认证体系的认定职业培训和基于职业能力发展的企业职业培训三部分。这两个体系各自独立，自成一体，同时两者之间互相融通，共同构成了我国职业教育体系的基本框架。

（二）现代职业教育体系的内涵

"现代"是一个表示时间状态的概念，通常被用来指代当前、现在或今天，即人们正在经历的任何一个当前的时间阶段。在这里，"现代"指的是社会发展过程中的某个特定时期，相对于传统而言的一个相对的、动态的时间概念。当然，在不同的社会研究领域中，"现代"所指代的具体时间是不同的。同时，在现代职业教育体系中，"现代"不仅是一个时间概念，还代表着一个特殊的"类"。它表明了当前的职业教育体系与以往的职业教育体系在本质上存在特殊差异。这种特殊差异体现在现代职业教育体系的很多方面，具体到构成要素上，表现为要素的完整性和层次间的衔接融合。

2014 年 6 月 16 日，教育部等六部门联合发布《现代职业教育体系建设规划（2014—2020 年）》。此规划以党的十八大和十八届三中全会精神为指导，依据《国民经济和社会发展第十二个五年规划纲要》《国家中长期教育改革和发展规划纲要（2010—2020 年）》《国家中长期人才发展规划纲要（2010—2020 年）》《国务院关于加快发展现代职业教育的决定》和各产业、行业规划，构建了服务需求、开放融合、纵向流动、双向沟通的现代职业教育的体系框架和总体布局，如图 1-1 所示。

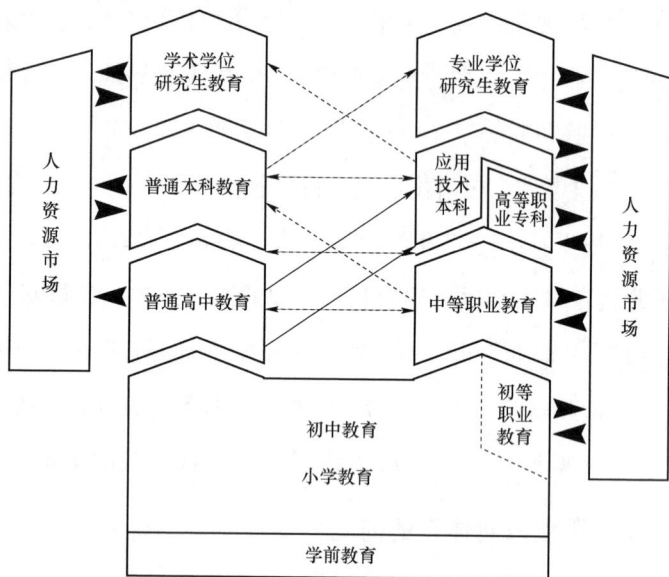

图 1-1　教育体系基本框架示意图

《现代职业教育体系建设规划（2014—2020 年）》中提出了教育体系的基本框架，并对"现代"进行了具体解释。从图中可以看出，现代职业教育体系中的学历（学位）职业教育体系包括初等职业教育、中等职业教育和高等职业教育（包括高等职业专科、应用技术型本科和专业学位研究生教育），三者之间衔接顺畅，同时与普通教育和人力资源市场实现互通共融。普通教育和职业教育培养的人才都可以进入人力资源市场实现自身价值，普通教育的接受者可以进入相应的职业教育体系接受职业教育，两种教育只是类型的差异，在层次上是同等地位。同时，普通教育在一定程度上是职业教育的基础，因为没有任何优良的职业教育不包含合理的普通训练，任何优良的普通教育都与操作和工作存在联系。

在终身教育理念和大职教观的影响下，现代职业教育体系中的职业培训体系的内涵更加丰富多样。在《国家中长期教育改革和发展规划纲要（2010—2020 年）》中明确将终身教育体系划分为学校教育和继续教育两个部分。在国务院颁布的《关于加快发展现代职业教育的决定》中明确提出要积极发展多种形式的继续教育，建立有利于全体劳动者接受的职业教育和培训的灵活学习制度，服务全民学习、终身学习，推进学习型社会建设。因此，职业教育培训体系的"现代"性在一定程度上和继续教育相等同。

第二节 现代职业教育体系构成要素

一、学历（学位）职业教育子体系

学历（学位）职业教育子体系是现代职业教育体系的两大组成部分之一，在整个体系建设和发展中发挥着重要作用。

学历教育的对象一般是根据教育部下达的招生计划录取的学生，学生在完成相应的学习之后获得国家统一印制的毕业证书和学位证书。本书中将学历（学位）职业教育的范围扩展到初等职业教育、中等职业教育、高等职业专科教育、应用技术本科教育及专业学位研究生教育五个层面。因为我国实行学士、硕士、博士三级学位制度，因此，初等职业教育、中等职业教育和高等职业专科教育的接受者在毕业之后获得毕业证书和相关职业资格证书，而无学位证书。职业教育在本科及研究生层次表现为专业学位，专业学士、专业硕士、专业博士分别可以对应学术教育中的本科、硕士、博士，二者只是类型的差异，而无层次等级区别。

（一）学历（学位）职业教育

1. 产生背景

现代意义上的职业教育诞生之前，学徒制是职业教育存在的主要方式。师傅在生产过程中对于学徒进行附带培训，让他掌握基本的生产技能，从而完成生产任务。19 世纪中后期，工业革命的开展对于生产工艺及技术的要求均有所提升，特别是在化学、机器、电器设备等先进生产领域，原本生产过程中的附带培训远远不能满足生产对于大量高水准工人的要求，学校形态的职业教育即学历（学位）职业教育应运而生。

2. 培养目标定位

职业教育产生的背景说明了职业教育最初的目标就是为大工业生产培养合格的、熟练的技术工人，这为职业教育培养目标规定了主旋律。对于整个学历（学位）职业教育体系而言，其所有构成要素都致力于职业教育总体培养目标，即服务于生产建设一线的技术技能型人才，培养目标没有本质属性上的差异，只是担负的培养层次的任务差异。

值得一提的是，学历（学位）职业教育本身隶属于教育这个上位概念，因此，还需要考虑到教育的本质和功能。教育是培养人的社会实践活动，促进个体的社会化和个体的个性化，实现个体的全面发展。学历（学位）职业教育体系是整个教育体系的一个子体系，故它培养目标的出发点和落脚点不仅是"做事"，而且应是乐"做事"，是良好职业素养的现代职业人，要实现"无业者有业"，更需要"有业者乐业"。

3. 发展方向

学历（学位）职业教育体系不是一成不变的，随着社会的发展，体系的构成要素也在逐渐发展完善，总体呈现构成要素层次上移的趋势。学历职业教育产生之初只是将原本的学徒制从工厂转移到学校，以班级形式集体授课，职业教育的内容、方式、管理、效果等方面都处于较初级的状态，仅可以成为初等职业教育或中等职业教育。在社会生产力的推动下，技术工人在数量和质量上都被赋予更高的要求，学校职业教育也在不断发展完善，因此，逐渐出现高等职业专科教育、应用本科教育甚至职业教育领域的研究生教育。我国的学历（学位）职业教育体系同样走在这样的发展道路上——构成要素丰富完善，层次上移。

因此，在新时代背景下，建设我国现代学历（学位）职业教育子体系，需要在稳步提升已有构成要素价值的基础上，努力发展更高层次的构成要素，建设本科和研究生层次的职业教育，即夯实基础和重心上移并重。

同时，在我国经济社会发展的推动下，九年义务教育全面普及覆盖，大众化学习时代已经到来，这种形势下由初级中学开展的初等职业教育将逐渐退出学历（学位）职业教育子体系，初等职业教育逐渐表现为社会主义市场下初级技能的培训。因此，在学历（学位）职业教育子体系中对于初等职业教育不再进行讨论。

（二）中等职业教育

1. 中等职业教育的发展概况

我国中等职业教育的主要载体是普通中等专业学校、技工学校及职业中学。这些机构起源于 20 世纪 50 年代初，当时在借鉴苏联教学模式的基础上兴办起来。它们主要招收初中毕业生，学制一般为 2～3 年，旨在培养初、中级技术人才。技工学校以制造业和加工业为主要就业方向，其招生对象包括具有初中和高中毕业文化程度的学生。

作为职业教育发展的重点，中等职业教育在政策和资金上得到了国家的大力支持和鼓励。例如，《国务院关于大力发展职业教育的决定》的颁布为中等职业教育发展开辟了广阔的空间。自 2009 年起，我国开始逐步实施对中等职业教育免费的政策。从 2012 年秋季学期起，这一免费政策的范围更是扩大到了所有农村（含县镇）学生、城市涉农专业学生和家庭经济困难学生。这无疑极大地提升了中等职业教育的吸引力，促进了其发展。此外，据《中国教育报》报道，河南省从 2015 年秋季学期开始，对全日制正式学籍的中等职业学校在校生实行全部免收学费的普惠性政策。而《楚天金报》则报道，2013 年湖北省有 2 万名高考考生选择放弃三本院校或高职高专，转而选择读中职。

然而，我们也要看到，自 1995 年至 2006 年，我国企业开办中等职业教育的机构逐年减少，从 2 850 所降至 520 所。这一现象引发了人们对职业学校教育质量的担忧。有观点认为，一些职业学校的教育方式过于理论化，与实际需求脱节，被称为"黑板上跑火车"和"大学课程的压缩饼干"。因此，如何在保持教育质量的同时，满足社会和经济发展的需求，将是我国职业教育面临的重要挑战。

根据国家统计局发布的《中华人民共和国 2023 年国民经济和社会发展统计公报》，2023 年我国全年中等职业教育招生 616.5 万人，同口径比上年减少 34.19 万人；在校生 1 737.9 万人，同口径比上年减少 46.71 万人；毕业生 537.1 万人，同口径比上年增加 17.9 万人。目前，我国中等职业学校包括普通中专、成人中专、职业高中和技工学校四类，中等职业教育处于稳步发展中。

2. 培养目标——中级技能人才

近年来，国家政策文件对中等职业教育的培养目标进行了不断的发展和完善。中等职业教育的服务领域不断扩大，涵盖了第一产业（农业）、第二产业（工业）和第三产业（服务业）。中等职业教育培养的人才需要具备熟练运用基本技能独立完成本职业常规工作的能力，同时在特殊情况下也能运用专门技能完成较复杂的工作。中等职业教育更加注重基本操作技能的培养，在我国的职业资格框架体系中，其培养的人才应达到国家职业资格四级，即中级工水平。

借鉴"职业带"理论，中等职业教育所培养的劳动者和中初级专门人才，其知识和技能结构以操作技能为主。随着技术发展对职业者要求的不断提高，中等职业教育接受者的理论知识也将不断提升。因此，中等职业教育的人才培养类型总体定位于中等技能人才，其中一部分可成长为中等技术技能型人才。

中等职业教育接受者在校通过双师型教师的培养、参与实训学习及完成相关课程要求，毕业后获得中专学历证明和技术等级证书，有利于顺利进入工作体系。总体来说，中等职业教育在现代职业教育体系中处于基础地位，起着奠基作用。

（三）高等职业专科教育

1. 高等职业专科教育的发展概况

高等职业专科教育的实施机构主要包括职业技术学院、职业大学、高等专科学校和成人高校。高等专科教育是在 20 世纪 50 年代以后，为了弥补中等专业教育数量不足而实施的一种过渡性教育。到 20 世纪 70 年代末，专科学校一直是高等职业专科发展的主要载体。1950 年全国高等教育工作会议上提出，我们教育部门和各业务部门要密切配合起来，大量举办专科学校。1953 年 2 月高等教育部在哈尔滨工业大学召开第三届教学研究会，会议指出："高等学校的专修课以培养高级的技术员为目标"。20 世纪 80 年代初至 90 年代末，职业大学、成人高校和五年制高职得到发展，但与中等职业教育相比，规模仍然较小。中等职业教育是这一时期职业技术人才培养的主要阵地。

自 20 世纪 90 年代末以来，教育部相继提出"三改一补"和"三多一改"的发展方针，高职规模迅速扩大。职业技术学院在这一时期逐渐发展起来，招收普通高中和中等职业学校毕业生，学制为 2～3 年，主要培养高级技术人员和管理人员。它强调专业设置与区域经济发展紧密结合，注重课程内容的实用性和产学研的重要意义，在"高等"和"职业"这两个属性之间，更多地偏向"职业"。

从 1994 开始，教育主管机构开始将高等职业专科教育确定为我国高等职业教育的重点，同时确立了其法律地位。这一阶段的标志性事件是全国教育工作会议召开和《职业教育法》颁布。2004 年至今，高等职业专科教育步入全面提升质量阶段。目前，其办学体制更加多元，专业设置更趋于合理，规模也在快速增长，每年招生的人数、在校生数及毕业学生的人数占普通高校学生总人数的比例在递增，根据我国教育部 2022 年全国教育事业发展统计公报的数据，2022 年，高职（专科）学校 1 489 所，比上年增加 3 所，校均规模 10 168 人。高职（专科）招生 538.98 万人（不含五年制高职转入专科招生 54.29 万人），同口径比上年增加 31.59 万人，增长 6.23%。高职（专科）在校生 1 670.90 万人，比上年增加 80.80 万人，增长 5.08%。

2. 培养目标——技术型人才

高等职业专科教育是在中等教育基础上进行的高等教育层次的职业教育，在现代职业教育体系中扮演着承上启下的角色。它与普通教育、社会教育横向融合，与中等职业教育、本科层次以上教育纵向沟通，是构建现代职业教育体系的重要枢纽。

2004 年发布的《高职高专院校基本办学条件指标（试行）》将"技术型人才"明确作为高等专科职业教育的培养目标。要求高等专科教育毕业生能够熟练运用基本技能和专业技术来完成复杂的工作，甚至包括非常规工作，并能够独立解决工作中的问题，同时具备指导他人完成工作任务的能力。相较于中等职业教育，高等职业专科教育不仅强调操作技能，还注重智力投入。一方面，这体现在完成非常规工作时对个体创新和灵活变通的要求；另一方面，也体现在一线工作岗位上对他人的指导能力。因此，高等职业专科教育在我国职业资格框架体系中对应国家职业资格的三级，即高级工。

在高等职业专科的实际教育教学中，职业资格证书考核内容也被纳入专业人才培养方案之中。职业资格标准与专业课程标准相互衔接，既注重基本理论的学习，也重视基本操作技能的培养。双师型教师队伍、专业的校内外实训基地及校企合作机制是高等职业专科教育培养技术型人才的重要保障。

（四）应用型技术本科职业教育

1. 应用型技术本科职业教育的产生及发展

应用型本科职业教育最初定位为本科层次的高等职业教育，最早以"职教师资型本科"的形式出现于 20 世纪 80 年代末期。当时共有 8 所院校开设此类教育，包括天津职业技术师范大学、广东技术师范学院、吉林工程技术师范学院、河北科技师范学院、河南科技学院、江苏技术师范学院、安徽技术师范学院等，主要任务是为中等职业学校培养师资力量。

近年来，社会对高级技术技能型和专家型人才的需求不断增加，因此需要发展更高层次的职业教育。《国务院关于加快发展现代职业教育的决定》也明确提出了职业教育重心上移的战略部署，即发展本科层次职业教育、加快应用技术型本科大学的转型，并探索发展专业硕士和专业博士人才培养层次。应用型技术本科教育应运而生，这是社会发展和职业教育层次高移的产物。

2. 培养目标——高级技术人才

应用型技术本科属于职业教育，与普通本科和高等工程教育不同。它培养的人才相对于高等职业专科教育，理论水平更高，应用能力更强，更注重技能的拓展性和操作的延展性，强调技术技能的复合性和创新性。具体表现为能够熟练运用专业技术完成非常规或复杂工作，独立处理解决技术或工艺问题，掌握本职业关键核心技术，在工作中可以创新，指导他人工作，具备一定的管理能力等。以某应用型技术本科院校自动化专业为例，其培养目标为：培养德智体美全面发展的高级现场工程技术人员，面向区域社会和经济建设第一线，具有自动化专业基本理论知识和较强的工程实践能力，从事信息采集、计算机应用、处理控制、设备自动化、仪器仪表测试与控制等方面工作，并具有自动化系统设计、运行、维护、管理、研发等方面能力。可以看出，应用型技术本科更加重视知识的投入，在我国职业资格框架体系中对应国家职业资格的二级，即技师，在人才层次结构上属于高级技术技能型人才。

（五）专业学位研究生教育

1. 专业学位研究生的产生及发展

我国的学位类型包括学术学位和专业学位两种。学术学位主要侧重于理论和学术研究方面，要求掌握本门学科扎实广博的理论知识，具备进行创造性学术活动和高水平科学研究工作的能力。而专业学位也称为职业学位，是具有职业背景的学位，需要具备实际工作的职业能力。因此，专业学位是在社会特定职业或岗位需求下培养应用型、复合型高层次人才的一种学位类型。专业学位与相应的学术学位属于不同类型，但处于同一层次，只是在培养目标上各有侧重。

（1）全日制双证专业学位研究生教育。回顾我国职业教育发展历程，专业学位研究生教育其实早已经出现，但是发展很不成熟、完善。1990年国务院学位委员会召开第九次会议，审议通过了《关于设置和试办工商管理硕士学位的几点意见》，这是专业学位确立的标志。2009 年 3 月《教育部关于做好全日制硕士专业学位研究生培养工作的若干意见》（教研〔2009〕1 号）文件提出，自 2009 年起，扩大以应届本科毕业生为主的全日制硕士专业学位招收范围。2010 年，教育部公布了《国家中长期教育改革和发展规划纲要（2010—2020 年）》，进一步指出，重点扩大应用型、复合型、技能型人才培养规模，加快发展专业学位研究生教育。2014 年 6 月 22 日国务院颁布的《关于加快发展现代职业教育的决定》中明确提出，建立以职业需求为导向、以实践能力培养为重点、以产学结合为途径的专业学位研究生培养模式。研究建立符合职业教育特点的学位制度。

专业博士研究生教育始于 1996 年教育部研究公布的《专业学位设置审批暂行办法》，为加速培养我国经济建设和社会发展所需要的高层次应用型专业人才，《专业学位设置审批暂行办法》指出，专业学位分为学士、硕士和博士三级，从 1996 年至今，专业博士学位已经发展为口腔医学博士、教育博士、兽医博士、临床医学博士、工程博士和中医博士六种，每种又分为若干个领域。并且从 2012 年开始，清华大学等 25 所学校开始招收工程博士专业学位博士生，每个学校招收 1～3 个领域。

（2）在职申请的专业学位研究生教育。1985 年，国务院学位委员会办公室发出《关于在职人员申请硕士、博士学位进行试点工作的通知》，1986 年发出《关于扩大在职人员申请硕士、博士学位试点工作的通知》，自此，在职人员以同等学力申请硕士、博士学位的试点工作正式揭开序幕。1998 年 6 月 18 日，《关于授予具有研究生毕业同等学力人员硕士、博士学位的规定》由国务院学位委员会审议后颁布，此规定为同等学力人员申请硕士、博士工作提供了规范，有利于其制度化发展。1998 年，国务院学位委员会办公室开始组织实施在职人员攻读硕士专业学位工作。2000 年起，在职人员攻读硕士专业学位由各招生院校联合组织考试发展为全国联考，统一考试、统一录取，有学位、无学历。2014 年，国务院学位办发布《关于 2014 年招收在职人员攻读硕士专业学位工作的通知》，在职人员攻读硕士专业学位招生改革由此启动，通知要求从 2016 年起，国家将取消在职人员攻读硕士专业学位全国联考，将其纳入全国硕士研究生统一入学考试。

目前，我国在职人员可以选择攻读金融硕士、会计硕士、农业推广硕士等专业学位。通过同等学力获得硕士学位有两种方式：一种是同等学力人员参加各种研究生课程进修班或自学研究生课程，通过学位授予单位组织的课程考试及国家组织的同等学力人员申请硕士学位外国语水平和学科综合水平全国统一考试（每年 5 月举行），撰写论文并通过答辩可获得硕士学位；二是在职人员参加在职人员攻读硕士学位全国联考（每年 10 月举行），被招生单位录取后，入校不离岗，不脱产或半脱产修完所需学分，撰写学位论文并通过答辩可获相应专业学位或其他学位。此种专业学位硕士为在职单证专硕，不同于学校职业教育体系中的全日制双证专硕。

2. 培养目标——专家级技术人才

专业学位主要面向经济社会产业部门专业需求，培养各行各业特定职业的专业人才。专业学位研究生教育是学历（学位）职业教育体系中的最高层次，其培养的人才要具备应用技术本科人才的职业能力和素养，同时在知识、技术的应用能力、开发性研究与设计能力上达到更高的标准。具体表现为，可以独立处理解决高难度工艺及生产问题，在技术攻关、技术改革等方面有创新，能组织开展技术改造、技术革新，并组织专业技术培训，具有管理能力。专业学位表征的主要是其获得者具备了特定社会职业所要求的专业能力和素养，具备了从业的基本条件，能够运用专业领域已有的理论、知识和技术有效地从事专业工作，合理地解决专业问题。因此，专业学位研究生教育培养目标定位为专家级技能型人才，对应职业资格认定系统中的一级。

二、现代职业教育培训子体系

职业培训是现代职业教育体系的重要组成部分，也是解决就业和失业问题的重要手段，具有极为重要的作用和地位。现代社会将学校教育视为人们获取和积累一生生存和发展本领的唯一途径，已经不符合社会的发展趋势。学校中所学的知识技能只是手段，只有将其应用于职业这个载体，在实际工作中才能真正发挥作用，个人也才能真正成长为职业人。从个人职业生涯持续全面发展的角度来看，职业培训的价值同样不可忽视。目前，我国市场上的职业培训种类繁多，培训主体复杂多样，包括就业培训中心的培训、技工学校培训、综合培训基地及培训集团培训、企业职工培训、各种民办培训机构培训等。这些培训在层次、内容、对象等方面存在差异和交叉，整体呈现出杂乱多样的状态。本书从职业培训的历史起点出发，总结职业培训的发展方向，将职业培训体系的构成要素整理为：基于政府公共服务职能的公共职业培训、基于职业认证体系的认定职业培训和基于职业能力发展的企业职业培训三部分。

（一）职业培训的历史起点

1. 产生背景

学徒制是职业培训早期的主要形式，起源于家庭手工业，与小生产相适应。师傅在生产过程中对徒弟进行培训，使其掌握必要的技术技能。随着工业革命的开展，封建主义的生产关系逐渐被资本主义生产关系所取代，简单的学徒制无法满足工业生产对工人的需求。但是，师傅带徒弟这种职业培训方式并没有消失。例如，在德国，学徒制被改造成了"双元制"职教体系；在日本，现代学徒制演变为企业内车间训练。如今，职业培训的形式和内容更加丰富，不再局限于学徒制。实施培训和接受培训的主体也更加多样化，职业培训在整个社会中的作用越来越大。

2. 培养目标

职业培训和学历（学位）职业教育都是职业教育体系的组成部分，但前者属于培训体系，后者属于学历体系，因此在培养目标上存在差异。

学历职业教育是全日制、计划性、长远性的职业教育活动，旨在培养全面发展、具备综合职业素养的职业人；而职业培训的对象多为现实劳动力，培训时间相对较短，针对性强，专业化程度高，主要关注知识与技术的更新和专业技能素质的进一步提高，因此直接面向工作一线，培养目标定位于合格的工匠。随着社会的发展和个人认识的提高，职业培训越来越注重人的全面发展，培训内容涵盖职业道德、安全常识、企业文化等方面，职业培训的目标也越来越接近学历职业教育。

3. 发展方向

职业培训最初是市场自发行为，以学徒制为例，师傅教授徒弟生产技术技能，旨在更好地完成生产任务和开展工作，这是市场对工人的要求，而非政府强制性要求。劳动力市场的供给和需求信号是调节和引导职业培训活动的主要信号。随着职业培训在社会中的作用日益凸显，作为一种重要的人力资本投资方式，也成为国家振兴发展的重要手段。发展方向主要体现在三个方面：（1）政府参与职业培训，发挥重要作用；（2）职业认定体系更加完善；（3）企业培训更加完善和科学。

根据职业培训的发展方向，分析我国职业教育培训子体系，将我国职业教育培训子体系的构成要素分为基于政府公共服务职能的公共职业培训、基于职业认证系统的认定职业培训和基于职业能力发展的企业职业培训。

（二）基于政府公共服务职能的公共职业培训

政府的主要职责是为社会服务，满足社会公共需求，为社会成员提供充足、优质的公共产品和公共服务。《国家中长期教育改革和发展规划纲要（2010—2020年）》强调要建立覆盖城乡的基本公共教育服务体系，逐步实现基本公共教育服务均等化。作为一个人口大国，我国面临着就业问题这一关乎民生的重要问题。失业人员、农村剩余劳动力、城乡新生劳动力、下岗职工、退伍军人等群体作为社会困难群体，经济条件差、技能缺乏、社会认可度低等问题困扰着他们。他们无法进入学历职业教育体系接受系统正规的职业教育，也很难通过个人付费参与到营利性的技能培训中。因此，为了确保这部分群体的就业，政府需要发挥公共服务职能，提供公益性、基础性的职业教育培训。这是解决社会民生问题的需要，也是建设服务型政府的需要，对于国家政治、经济、文化都有重要意义。目前，我国公共职业培训主要包括以下三种类型。

1. 新型职业农民培训

新型职业农民与传统意义上的面朝黄土背朝天的农民不同，他们具备一定的知识文化和相应的技能，特别是农业生产相关的知识技能，将农民视为一种职业的现代农业从业者。新型职业农民培育工程是"阳光工程"的升级改造，通过对农民进行农业科学技术的相关培训，提高农民生产者的专业技能、经营管理能力和综合素质，推动农业的发展，培养"有文化、懂技术、会经营"的新型职业农民队伍。

在新型职业农民培训工作的开展过程中，政府在资金政策方面给予了大力支持。各地区结合本地特点和农业优势，开展了相应的培训。目前，新型职业农民培训工作在各地得到了有效开展，并取得了良好的效果。

2. 农民工职业培训

农民工是我国城乡二元体制下诞生的特殊群体，为我国工业化、城镇化、现代化的建设发展作出了巨大的贡献。但是农民工在城市属于弱势群体，因为缺乏相应的技术技能，在城市中生活的他们面临着就业难、工资低、社会保障差等众多现实问题，加强农民工职业技能培训，帮助农民工更好地就业、生活至关重要。政府应重视农民工职业培训，并且基于政府公共服务职能积极开展农民工群体的公共职业培训。

2005年11月全国职业教育工作会议上确定开始实施"国家农村劳动力转移培训工程"和"农村实用人才培训工程"。培训工程主要针对农民工群体，职业教育和技能培训贯穿始终，加快农民工工业化、城镇化和农业现代化的适应速度，服务于广大农民工就业生活。职业学校因其完备的师资力量、教学设备资源、社会信任度等有利因素，在劳动力转移培训中承担起了公共职业培训的任务，为自身发展开拓了新的领域。

2014 年 5 月 21 日，国新办召开就业专题新闻发布会，明确要健全覆盖城乡的公共就业和人才服务体系，扩大公共服务的影响范围，提升专业化和信息化水平，保障服务质量和品质，增强民众对于公共就业和人才服务体系的信心。特别针对农民工要广泛开展职业技术技能培训计划，尽快实现每位农民工都能免费接受培训的目标。

同时随着社会经济的发展及对农民工群体价值的越发深刻性认识，基于政府公共服务职能的农民工职业培训在形式、实施机构上也越发多样。如培训形式上包括"订单"模式、农村劳动力就地转移培训模式、学校教育培训向企业推荐模式、新增劳动力"3+1"培训模式、国际劳务合作模式、扶贫培训模式等。承担农民工公共职业培训的主体也越加丰富，各式企业、各类职业院校及民办培训机构的加入使农民工可以多渠道地接受职业技术技能培训，实现培训目的。

3. 失业、待业人员就业培训

对于失业及待业人员开展职前就业培训，促进其尽快就业，减少失业、待业者数量非常迫切必要，国家公共职业培训在这里发挥极大的作用。

基于政府公共服务职能的失业及待业人员职前就业培训一般由各地劳动训练中心或者人力资源和社会保障局认定的职业院校或培训机构来承担，对于失业、待业等困难群体开展多种专业的就业、创业培训，如家政服务、餐厅服务、电子操作、烹饪、电动缝纫、美容、美发、物业管理等。

综上，公共职业培训极大了满足了社会不同群体的教育需求，有利于维护社会公平，促进社会和谐。随着我国社会经济的发展，各项制度的完善及服务型政府的建设，公共职业培训将发挥越来越大的作用。

（三）基于职业资格认证制度的认证职业培训

职业资格认证制度是我国劳动力就业的一项重要制度。它是指按照国家或者行业协会制定的职业技能标准或任职资格条件，通过政府认定的考核鉴定机构，对劳动者的技能水平或职业资格进行客观公正、科学规范的评价和鉴定，最终通过颁发职业资格证书作为认可依据。

在职业资格认证制度的指导下，我国从 2000 年 7 月 1 日开始实行了就业准入制，这就要求人们在进入工作体系时需要有相应的职业资格证书作为凭据。2005 年 11 月 8 日，《国务院关于大力发展职业教育的决定》中明确了就业准入制度的意义，为了更加规范地实行就业准入制度，用人单位在招录职工时必须严格执行"先培训，后就业""先培训，后上岗"的规定，拥有职业学校学历证书、职业资格证书和职业培训合格证书的人员有优先录用的机会。《国务院关于加快发展现代职业教育的决定》（国发〔2014〕19 号）中强调，要认真执行就业准入制度，特别是对从事涉及公共安全、人身健康、生命财产安全等特殊工种的劳动者，必须从取得相应学历证书或职业培训合格证书并获得相应职业资格证书的人员中录用。因此，认证职业培训的存在及发展都具有重大的意义。

按照认证职业培训实施主体进行分类，我国目前的认证职业培训可以具体分为以下三种类型。

1. 就业训练中心开展的认证职业培训

就业训练中心也称为职业技能培训指导中心，隶属于人力资源和社会保障局，是依靠中央财政运行的综合性职业技能培训及培训指导中心。各个省市、地方都建立有各自的就业训练中心，服务于本地区职业培训和认证工作。就业训练中心面向社会各类人员开展职业技能培训，承担各工种的职业技能培训，并受所属地方人力资源和社会保障局委托，承担部分专业工种技能的考核工作。

2. 职业院校开展的认证职业培训

一般来说，职业院校负责的是职业教育的学历认证，学历证书反映学业教育和水平测试的学识能力，而不是实际工作能力，因此，学生在毕业后获得学历证书只是完成步入工作体系、上岗就业的一部分，并不可以明确其一定具备实际工作的能力。这也是毕业生面临就业难的原因之一。因此，在校学生需要在校期间具备从事某种职业岗位的能力资格，获得相关职业资格证书，这样才能在进入社会职业领域时真正得到认可，在人才市场上具有竞争力。正因为这样，职业院校也在针对学生积极开展职业资格认证培训，最突出的表现就是实行"双证书"制度。

为保证"双证书"制度的顺利实施，职业院校需要在多方面做出努力。首先，在课程设置上，要基于工作过程对课程进行开发，既要涵盖国家职业标准也不能丢弃学校专业知识的内容。其次，开展校内外实训基地学习。校内实训基地要能够模拟企业生产组织形式，让学生接近实际情境训练，了解企业运作模式，并将学到的技能得到实际应用；而校外实习基地要能够满足学生顶岗实习的需要。再次，需要有"双师型"教师作为师资保障。要求教师有较高的文化和专业理论水平，有较强的教学、教研及教学能力和素质，又要求教师具备熟练的实践技能，一定管理能力，以及指导学生的能力和素质。此外，学校在帮助学生取得"双证书"的过程中还要加强对学生进行德育，尤其是学生的职业道德教育，包括安全意识、创新意识、责任意识等，为将来学生走上工作岗位成长为高技能人才打好基础。

3. 民办培训机构开展的认证职业培训

民办培训机构一般是指社会组织、个人及中外合作办学机构，在依照相关的法律法规的前提下，利用非国家财政性教育经费，面向社会举办不具备颁发学历文凭资格的培训活动的办学组织。培训机构可以针对培训者的特点和需要对其进行基本技能、专业技术等培训，合格后颁发职业资格证书，提供就业服务。

民办职业培训机构不同于职业院校、劳动部技工学校和就业训练中心，它是独立的经济实体，有自身独立的经济利益，具有市场属性。同时，又具有一定的教育公益属性，不能简单地追求利益最大化，而是需要兼顾社会效益、文化效益等，实现教育和培训的功能。

在瞬息万变的知识时代，民办培训机构以其灵活性、多样性和适应性的优势，为社会、市场培养了大批适用、实用的劳动者。新浪、搜狐、网易等极具影响力的网络媒介近年来也相继推出知名培训机构评选活动，用这种方式促进培训机构良性发展，扩大其知名度和影响力。

因此，基于民办职业培训机构的双重属性，为了保证培训效果和职业资格证书的公信力，政府要加强对民办培训机构的管理和规范。

减少职业资格的许可和认定，特别是取消无法律依据的职业资格许可和认定在一定程度上能遏制培训机构数量疯涨、规范民办培训市场、消减社会上"考证热"的异化现象，提升职业资格证书的价值。

（四）基于职业能力发展的企业职业培训

以能力发展理论为基础，德国职业教育家劳耐尔提出了从新手到专家的职业能力发展阶段及学习范围的理论。他详细地将新手、有进步的初学者、内行的行动者、熟练的专业人员和专家进行了区分和说明，对每个发展阶段的能力等级、能够完成的工作、提升的空间、学习的条件均有一定的规定性。

社会中的任何一个个体，在某一领域或者工作岗位上取得成绩和成长，都有一个过程，即从初级逐步进化到高级的过程。这个过程是以一定的职业能力作为依托和保障的，职业能力固定在一种职业岗位上，从低到高发展，实现"学会去做——能熟练地做——做得更好更快"这样的提高过程。因此，企业会积极开展对于员工的职业培训，实质上是基于使个体从新手成长为专家，尽可能地提升员工的职业能力，从而更好地为企业创造效益。这不仅是企业人力资源管理的一种重要方式，也是建立现代企业制度，提高企业竞争力的重要手段，目前，企业职业培训越发完善，培训形式越发多样。

1. 企业大学

企业为了培养适合自身的人才，不断探索新的职业培训方式，建立企业大学，开展独具企业自身特色的职业培训教学，直接为企业输送大批合格人才，是企业培训的重要形式之一。如华为、摩托罗拉、爱立信、惠普、海尔，这些公司都建立了自己的企业大学，且企业自身建立企业大学这种趋势还在持续中。

一般来说，企业大学都会拥有根植于自身企业文化的管理培训体系，这不仅包括先进的培训管理理念，也包括配套的训练场地、设备、师资等。相对于职业院校，企业大学在技术技能的培训上更具有针对性和实效性。

以华为公司为例，华为作为全球领先的信息与通信解决方案供应商，为全面打造自身实力，于 2005 年在深圳正式注册成立华为大学，被称为中国企业的黄埔军校，它服务于华为员工及广大客户，提供包括新员工文化培训、上岗培训、针对客户的培训等众多培训课程，收到良好效果，被大家所认可。

2. 企业认证培训

目前一些实力、规模及影响力非常大的公司如华为、思科、中兴等都纷纷建立了自己的认证培训体系，企业的认证培训体系出自企业工作体系，服务于企业工作体系，因此一定程度上更加适合市场需求，更有利于提升受训个体职业能力，使其获得成长，越来越多的人愿意选择接受企业的认证培训。

以华为公司为例。华为认证是华为公司凭借多年信息通信技术人才培养经验，以及对行业发展的深刻理解，基于 ICT 产业链人才个人职业发展生命周期，搭载华为"云-管-端"融合技术，推出的覆盖 IP、IT、CT 及 ICT 融合技术领域的认证体系，是业界唯一的 ICT 全技术领域认证体系。

（1）职业认证

华为公司针对 ICT 从业者，基于 IP、IT、CT 及 ICT 融合技术，提供了工程师、资深工程师和专家三类技术认证等级，为 ICT 从业人员提供层次化的培训认证，见表 1-1。

表 1-1 华为公司系列认证表

HCNA 系列认证	标识个人能力在某一技术领域达到工程师级别
HCNP 系列认证	标识个人能力在某一技术领域达到资深工程师级别
HCIE 系列认证	标识个人能力在某一技术领域达到专家级别

同时，针对每一类系列认证，华为公司均设计了多个领域，如路由和交换、无线局域网、无线、传送网、安全、统一通信、联络中心、视讯等，目前某些方面还在待发布阶段。

（2）专业认证

针对渠道合作伙伴的具体工作岗位，华为公司还推出了包括销售专家、售前专家、解决方案专家、售后专家、二次开发在内的专业技能认证。对于每一个岗位的基本定位、职业能力要求等都有具体规定。例如，针对渠道合作伙伴销售岗位的专业认证，定位于客户关系拓展与商机识别，旨在证明渠道合作伙伴能够了解产品基本知识及行业应用，具备基本销售技巧，可以与客户进行日常交流，挖掘潜在需求。针对渠道合作伙伴售前岗位的专业认证，定位于单产品的引导和销售，旨在证明渠道合作伙伴能够理解客户通用需求，匹配产品的典型应用场景，完成销售投标及报价支持。

3. 校企联合培训

企业培训制度与学校职业教育开始朝着一体化的方向进行改革，深化校企合作，密切学校和企业的联系沟通有利于更好地为社会培养所需要的人才。

为了确保培训的质量，合作院校在培训人员配置、培训服务、培训环境、实验室设备等方面都有严格的要求与标准。例如，针对培训的周边环境及配套设施，要求培训所在地公共交通方便，有充足的航班、火车等交通工具；培训地点、住宿地点、就餐地点供电、供水有保障；培训、住宿、就餐场地充足，安全、卫生、防火等措施及设备齐全；培训地点相对独立与封闭，周围环境安全，治安情况良好；学员培训地远离污染源，周围无噪声干扰，空气清新。针对培训教室、培训机房更是从内部环境、设备配置、布局等方面作出了要求。

上述企业培训的形式较多地存在于大型企业中，也是未来企业培训发展的方向。实力和规模一般的企业也会开展自身的培训建设，有自身的培训体系。一般由企业人力资源部负责管理实施，培训涵盖员工岗前、岗中、转岗不同阶段，培训内容既包括岗位所需专业技术技能，也包括企业文化、法律知识、安全卫生、心理教育等，通过培训，使员工在从新手成长为专家的过程中也能对企业建立起认同感，真正融入企业建设发展中。

第三节　现代职业教育体系发展趋势

在 21 世纪，科技发展迅速，经济波动不定，产业不断升级重组，人才竞争日益激烈，职业变化频繁，教育成为终身发展的重要任务。

这些大趋势并不总是非常清晰。然而，只有了解大趋势，才能理解这些个别发生的意外事件的意义。因此，构建体系面临着前所未有的新发展机遇。

一、理论科学化

理论科学化是指职业教育改革与发展建立在高度的科学性和自觉性基础之上，尊重实际，遵循规律，走可持续发展之路。它包括规律性、先导性、系统性、应用性等主要内容是未来职业教育发展的必由之路。首先，规律性是理论的本质。要义是既要遵循市场经济与社会发展的规律，更要合乎职业教育自身的规律，关键是要结合中国的实际，构建与发展中国特色现代职业教育体系。只有这样，才能使我国职业教育走上自主创新可持续健康发展的道路。其次，先导性是理论的本色。发展是硬道理，但没有科学理论的指导必定是缺乏方向的危险旅程。中国特色现代职业教育要在优胜劣汰的竞争中稳步发展，需不断加强理论创新，在探索未来发展战略与策略和破解发展中面临的困惑和难题方面，始终引领职业教育发展的方向。再次，系统性是理论的构架。要求从系统论的维度深入探索职业教育宏观层面与社会政治经济文化生态双向互动规律和微观层面自身内在组织结构、运行模式等，从理论到实践构建我国职业教育特色化、现代化发展的新体系。最后，应用性是理论的实质。实践是中国特色现代职业教育体系的根本所在。强调应用性，就是要强化实践价值在职业教育中的中心地位，坚持以服务为宗旨、就业为导向、以培养高素质技能型人才为根本的教育方向，走产学研结合的办学道路。只有这样，才能保证体系构建的正确方向。

二、体制法治化

加速推动社会主义法治国家建设，是治国理政的必然要求，为体系构建提供了明确方向和新的期待。从理论角度来看，体制与法治虽然属于不同的领域，但在职业教育系统中却是紧密相连的。只有当两者和谐统一、协调发展时，职业教育才能走上制度化、法治化的轨道。世界上一些发达国家（如德国、日本、瑞典等）都非常重视职业教育的制度化、法治化建设，他们在各自的历史阶段都制定并实施了一系列有关促进职业教育发展的制度和法规，这些举措保证了职业教育的发展，并产生了深远的社会影响。例如，德国的《联邦职业教育法》就是一个例子。历史经验告诉我们，发展职业教育不能没有相应的法律法规的支持和保障。建立与社会主义市场经济相适应、以政府为主导、面向市场、多元化办学的中国特色现代职业教育体制和相关法律制度，不仅是构建和发展现代职业教育体系的现实需要，也是深化职业教育改革发展的必然趋势。我们需要在教育体制、学制、教育政策法规和教育管理行为规范、运行机制等方面进一步完善法律、规章和制度，同时切实加强各项制度的执行力，通过"依法治教""依法治校"，我们可以更有效地协调、约束和规范各行为主体，保障与促进职业教育的发展。这将为体系构建提供根本的法律保障。

三、功能一体化

中国特色现代职业教育体系是一个集教学、科研、生产和社会服务功能于一体的完整系统，它对外部环境产生各种有效影响，其作用是使经济、社会和个人都受益，是一项造福平民的崇高事业，能够促进消除贫困、实现社会和谐与可持续发展。面对当今科技经济社会高新化、综合化、网络化、一体化的发展趋势，中国特色现代职业教育体系必须加强功能一体化建设。首先是综合化。所谓综合化，就是改变以往单一离散封闭的格局，构建以技术技能型人才培养和培训为主体，以应用性科技开发与社会教育服务为两翼，职前教育与职后培训、学历与非学历、科技开发和文化交流与人才培养及社会服务相互沟通衔接、彼此支撑补充协调发展的新体系。通过"一体两翼"的综合化发展推进功能一体化建设进程，提升教育的社会服务效益，增强综合实力和竞争力。当前，既要全面理解并正确推进功能"一体化"建设，保持彼此的协调发展，又要在目前乃至今后相当长一段时间里，坚持以培养技术技能型人才为基本功能定位，不能偏离这一方向。其次是和谐化。所谓和谐化，是指功能结构体系的均衡和谐，包括与社会发展和谐和自身各功能因素的和谐。前者是要找准自己的服务与发展定位，有所为有所不为，把自身纳入国家经济社会发展的整体规划中去，合理配置教育资源，强化教育功能，既充分满足社会经济发展的需求，又使无业者有业，使有业者乐业；后者关键在于内在各功能因子要优化整合、协调发展，形成和谐互动促进增效的有效体制和机制，全面开创中国特色现代职业教育体系发展新局面。

四、形式多样化

多样化是职业教育培养职业人才的必经之路，也是世界职业教育发展的总体趋势。中国特色现代职业教育体系必须从实际出发，走向并融入世界多元化发展潮流。然而，目前我国职业教育办学体制机制与现行的基本经济制度、现代市场体系和全体劳动者职业生涯发展都还不相适应，突出问题是以行政为主体的办学模式和传统人才培养模式的单一封闭弊端，严重影响了职业教育发展和人才培养。例如，专业设置、人才培养与市场和生产缺乏紧密结合，就业"有市无人或有人无市"的尴尬令人不安。因此，实现办学多样化发展是突破办学单一封闭局限、激发职业教育办学活力、加快职业教育发展的需要。一方面，加大体制改革力度，既要凸显行政主导作用，又要充分发挥企业、行业和社会力量举办职业教育的积极性，形成政府主导统筹，以企业为主体，教育机构、社会和个人共同参与的多元化办学新格局；另一方面，深化教育教学改革，面向政治、经济、科技、文化发展的社会宏观背景，对系统内部各层次结构和资源配置加以合理调整优化整合，重点是创新人才培养模式，突出能力素养，实施分型培养，加强全面发展，使办学形式与人才培养模式多样化发展，更好地满足新经济常态下人力资源建设的需要。只有这样，体系构建才能形成稳健发展、多样化、充满活力的办学体制机制和职业教育网络。

五、办学特色化

所谓的办学特色，可以理解为一种独特的风格，它象征着内涵质量，也是生命力的体现。在这里，主要指的是职业教育的定位、发展模式和人才培养的特色化。我国正在走新型工业化发展道路，建设社会主义新农村，加快现代化建设进程。这不仅需要一批高、精、尖的创新型专业人才，而且需要一大批能够参与一线生产的具有较宽的文化基础知识、较强的综合职业能力和专业知识技能的不同层次的技术技能人才。职业教育是为人人、为就业、为福祉培养技术技能人才的教育，因此与普通教育形成根本区别，彰显其不可替代性，从而形成独特的办学特色。中等职业教育主要培养实用操作层面的技术工人和初中级人才，高等职业教育则主要培养适应产业结构高移、发展先进制造业和现代服务业需要的高技术技能型人才。他们不仅要有合理的科学文化知识、突出的专业技术知识和能力，还具备良好的思想品质和身心素质。我国职业教育在"优先发展教育，建设人力资源强国"进程中，应始终坚守职教定位，明确自身职责，实施错位竞争战略，扬长避短，不断强化自己的办学特色优势，在坚持人才培养的职业性和技术性的同时，密切关注人才的和谐发展和完整人格形成，加强人文精神与科学精神的结合，大力提升综合素质，培养高素质的技能技术型人才。在未来的发展中，职业教育的成功与否，最重要的标准就是看其培养的人才是否适应了社会发展的需要，是否受到了用人单位的欢迎。这是衡量中国特色现代职业教育体系的一个带有根本性的指标，也是体系构建必须坚持的办学方向。

六、资源社会化

资源配置与开发，特别是实践教育资源，是职业教育发展和人才培养的基础。事实上，职业教育培养技能型和实用型专业人才，教育投资成本与资源配置的标准相对较高，单靠政府投入与学校自筹是远远不够的。改变资源配置方式，拓宽投融资途径，走教育社会化发展道路，是职业教育发展的趋势，也是解决教育经费与资源不足的有效途径，有助于实现教育资源共享和预期共赢。国外发达国家职业教育资源配置与利用有许多成熟的做法和成功经验，值得学习借鉴。例如，德国企业不仅提供学生实践的场所，更是给学生提供课程与学校互动的教育场所。结合国情和职业教育特点促进教育资源社会化，要有市场意识，关键是形成开放和共享的可持续发展机制和格局。当前为适应市场经济的发展，一方面，要继续加大政府对职业教育的财政投入和政策支持；另一方面，要坚持"以服务为宗旨，以就业为导向，走产教（学、研）结合的道路"，通过人才培养、科技服务等不断提高办学效益，增强经济功能；再一方面，企业要把职业教育视为"企业眼中的教育"和"企业手中的教育"，在互利双赢的战略合作框架中积极支持参与职业教育，为职业教育发展注入动力资源，同时还要调动社会各方面积极支持职业教育，为体系构建和职业教育发展提供政策、资金、技术、设备、管理、人员、场所等资源的支撑。

七、技术现代化

技术现代化是指职业教育理念、目标、制度、内容、方式、手段和过程的现代化，这是培养一支高素质、强技能、专业化劳动大军的关键。纵观现代化理论与实践发展历程，教育技术现代化已逐步改变了单纯追求数量指标的发展方式，越来越注重科技在教育改革发展及人才培养中的支撑作用。体系构建离不开科技平台的支撑。目前，职业教育科技含量总体还需加强，这决定着职业院校办学水平和人才培养质量。为顺应当代科技日新月异的发展变化，职业教育必须树立"科技兴教"理念，依托整个社会现代化平台，将自身的现代化建设和发展自觉融入社会主义现代化建设的总体格局中，与现代科技和生产力密切结合，吸收和运用现代科技发展的新成果和新技术，如现代信息网络技术、传媒技术等，深化教学内容与方法改革，创新人才培养模式，建立科技研究开发体系，提升教学现代化水平，大力培养现代化建设需要的高素质技术技能人才，大幅度地提高劳动者的素质，促进现代化建设。

八、发展终身化

所谓发展终身化，是指职业教育与其他各类教育相互沟通、协调发展、构建具有终身教育特点的现代教育体系。实践表明，没有其他教育比职业教育更能体现终身教育发展趋势。职业教育与人的职业生涯不可分割，同步发展。在知识经济和信息时代，知识更新换代比历史任何时期更快。知识爆炸，技术革新，如潮而来，倒逼学习方式的转型发展。建设学习型社会成为历史的必然。因为社会中每个人都面临转岗转业并重新获得新的职业资格的挑战，终身不断地学习已成为历史的必然选择。职业教育具有终身学习的独特功能，它可以为社会每个成员在生产劳动和职业生命周期的各个不同阶段提供终身接受职业教育并不断发展职业能力的机会，使之终身连续接受职业教育和培训。在纵向上，要加强职业教育衔接，使职前教育、职后教育和继续教育相互沟通促进，形成终身一体化发展体系；在横向上，要突破传统职业教育封闭、分割的"围墙"，构筑起一种"纵横一体，和谐发展"的新型职业教育制度，即实现职业教育、普通教育、继续教育不同教育之间相互沟通、支撑和合作，使职业教育贯穿人的职业生涯发展的全过程，持续不断地提供适应社会生存发展的职业技能培训，促进人的职业能力的可持续发展与职业行为的可行性漂移，使职业生活永葆青春，充满生机活力，保障可持续发展。

第二章 现代职业教育体系的 理论建构

第一节 现代职业教育体系建设与职业教育 高质量发展

近年来，我国职业教育改革与发展进入了快速发展阶段。这一方面是因为经济社会发展对高素质技术技能型人才的需求不断增加，另一方面则是因为国家和地方政府出台了一系列职业教育政策来推动发展。与此同时，职业教育研究也逐渐成为一门备受关注的学科，受到学术界和社会各界的广泛关注。在复杂的职业教育改革与学术研究话语体系中，"现代职业教育体系"和"职业教育高质量发展"成了两个经常被提及的热词。这主要是因为它们既是职业教育改革与发展的主题和目标，也是职业教育改革与发展的瓶颈和重点。

一、职业教育高质量发展与现代职业教育体系的实践内涵

1. 职业教育高质量发展及其实践内涵

2021年10月，中共中央办公厅、国务院办公厅印发了《关于推动现代职业教育高质量发展的意见》，对于职业教育发展设定了两个阶段性目

标，即"到 2025 年，职业教育类型特色更加鲜明，现代职业教育体系基本建成，技能型社会建设全面推进。办学格局更加优化，办学条件大幅改善，职业本科教育招生规模不低于高等职业教育招生规模的 10%，职业教育吸引力和培养质量显著提高"；"到 2035 年，职业教育整体水平进入世界前列，技能型社会基本建成。技术技能人才社会地位大幅提升，职业教育供给与经济社会发展需求高度匹配，在全面建设社会主义现代化国家中的作用显著增强"。或者说，今后 5～15 年内，我国职业教育高质量发展重点强化三个方面的内涵：一是强化职业教育的类型定位；二是构建现代职业教育体系；三是服务技能型社会建设。实践中，职业教育高质量发展关键是要处理好以下三对关系。

一是高质量发展与规模数量增长的关系。近年来职业教育发展迅速，尤其是高职教育大扩招，增加了人们对职业教育人才培养质量问题的担忧。那么，职业教育数量增长与高质量发展之间是否必然相悖？从发展经济学的视角而言，发展意味着量的增长和质的提升，量的增长本身就意味着发展。如果说职业院校人才培养数量不足，或者说职业教育人才培养供给量滞后于经济社会发展需求量时，就很难说职业教育是高质量的。当然，数量并不等于质量，但数量的增长并不意味着质量得不到保障。数量与质量的一致性既取决于职业教育人才培养的数量满足社会需求的程度，又取决于职业教育或职业院校质量保障能力。数量的增长如果与入学标准、人才培养模式、质量标准、学习方式、就业保障等方面的改革相配套、相协同，那么数量的增长就不会引起质量的滑坡，或者说，质量是可以得到保障的。

二是高质量发展与结构调整之间的关系。职业教育高质量发展还与职业教育结构、人才培养结构等因素密切相关。从根本意义上来说，职业教育高质量发展是一个数量、质量、结构相统一的实践性概念。从结构层面而言，职业教育结构具体包括层级结构、学科专业结构、布局结构、数量结构等。长期以来，我国职业教育发展困境主要表现为两个方面的人才培养结构性供需失衡。一方面是人才培养质量的结构性供需失衡，即职业教育更多的是学历层次教育，职业教育类型特色没有得到彰显，更没有表现出相对于普通教育的不可替代性；另一方面是人才培养的数量结构性供需失衡，即职业院校或某些专业毕业生数量难以满足经济社会发展对高素质技能型人才的需要。也就是说，高质量发展与结构变革是紧密相关的，没有职业教育结构的合理性，就谈不上职业教育的高质量。

三是高质量发展与服务对象的关系。强调职业教育高质量发展，首先要确定到底是对谁而言的高质量。第一，宏观层面的整体性质量，即满足经济社会发展、结构调整、转型升级、发展动能转换，以及高端制造业发展需要的程度，是相对于当前及未来经济社会发展对技术技能型人才需求的高质量，是人才培养供需吻合的高质量。当前，我国已成为世界"第一制造大国"，形成了独立完整的现代工业体系，是全世界唯一拥有联合国产业分类中全部工业门类的国家，部分产业处于国际领先地位。职业教育人才培养的质与量是否能够满足制造强国战略需求是衡量职业教育高质量发展的主要标志。第二，中观层面的校本质量，即学校人才培养模式、专业结构、办学特色相对于区域经济发展、科技创新、企业转型升级的满足度。第三，微观层面的个体发展质量，即满足毕业生就业和未来发展需要的程度，具体表现为毕业生就业能力、就业质量、发展潜力、社会适应能力等。这三个层次相互关联、相互印证，虽然表现形式或考察视野不同，但本质内涵相同，都体现为人才培养质量满足社会需要的程度。

2. 现代职业教育体系及其实践内涵

所谓现代职业教育体系是指适应经济社会发展及职业教育自身发展趋势和规律的教育体系。2014 年 6 月教育部等六部门印发的《现代职业教育体系建设规划（2014—2020 年）》将现代职业教育体系概括为"适应发展需求、产教深度融合、中职高职衔接、职业教育与普通教育相互沟通，体现终身教育理念";"具有中国特色、世界水平"。2019 年 2 月国务院印发的《国家职业教育改革实施方案》中提出,"完善学历教育与培训并重的现代职业教育体系,畅通技术技能人才成长渠道";"发展专业学位研究生","开展本科层次职业教育试点"。2022 年 5 月 1 日起施行的《中华人民共和国职业教育法》(2022 年修订)中第二章提出"国家建立健全适应经济社会发展需要,产教深度融合,职业学校教育和职业培训并重,职业教育与普通教育相互融通,不同层次职业教育有效贯通,服务全民终身学习的现代职业教育体系"。结合上述文件精神及职业教育改革与发展的趋势,现代职业教育体系概念的内涵可以从广义和狭义两个层面来理解。广义现代职业教育体系,泛指职业教育、人力资源市场等不同要素及其之间关系的开放体系,包括普职关系体系、职业教育层次结构体系、专业结构体系、人才培养模式体系、产教融合等;狭义职业教育体系是指职业教育层次贯通、横向融通的结构体系,包括职前职后一体化、普通教育与职业教育融通化。

实践中,职业教育体系建设的关键是职业教育要姓"职",体现职业教育发展的类型特色,实现"职业教育与普通教育是两种不同类型的教育,具有同等重要地位"的发展定位,以及"由参照普通教育办学模式向企业社会参与、专业特色鲜明的类型教育转变"。2021 年,全国共有中等职业教育学校 7 294 所,招生 488.99 万人,占高中阶段教育招生总数的 35.08%;在校生 1 311.81 万人,占高中阶段教育在校生总数的 33.49%。全国共有普通本科高校 1 238 所,本科层次职业学校 32 所,高职(专科)院校 1 468所;普通本科招生 444.60 万人,职业本科招生 4.14 万人,高职(专科)招生 552.58 万人。2019 年、2020 年、2021 年连续三年高职(专科)招生人数超过本科院校招生人数,基本形成了中职与普高、普通高等教育与高等职业教育的规模上下比例贯通、平分秋色的办学格局。因此,职业教育包括高等职业教育必须强化办学类型特色,否则就等于与普通教育混同化发展,这既不利于彰显职业教育的地位,又不能满足经济社会发展对大量高素质技术技能型人才的需求。"十三五"期间，全国技能劳动者的总体数量达到 2 亿以上，但在总量、结构、培养、使用等方面，与实际需要相比仍存在一定差距，人才市场高技能人才的求人倍率长期保持在 2 以上，"技工荒"、高技能人才供不应求与大学生结构性就业难并存。实际上，就业市场紧缺的不是职业院校毕业生，而是优质毕业生，是高水平技术技能型人才。据统计，职业院校的就业率普遍高于普通学校，2020 年应届高职毕业生离校就业率为 84.23%，高于普通本科 6 个百分点；"十四五"期间，将新增技能人才 4 000 万人以上，技能人才占就业人员比例达到 30%，东部省份高技能人才占技能人才比例达到 35%，中西部省份高技能人才占技能人才比例在现有基础上提高 2～3 个百分点。

破解人才市场对技术技能型人才需求的数量和质量难题，必须通过强化类型定位、构建现代职业教育体系来实现。与普通教育相比，产教融合、校企合作是职业教育人才培养模式改革的基本途径，也是职业教育体系建设的根本原则。近年来，国家和地方政府对校企合作、产教融合出台了一系列相关政策，做出了战略性的顶层设计。从宏观层面来说，将产教融合列入经济社会发展规划，建设一批产教融合试点城市，打造一批引领产教融合的标杆行业，培育一批行业领先的产教融合型企业；从微观层面而言，要切实实现专业设置与产业需求对接、课程内容与职业标准对接、教学过程与生产过程对接。但无论是宏观还是微观层面，最终都必须通过构建职业教育体系，落实到人才培养模式改革和校企合作体制机制改革，包括合作共建新专业、开发新课程、建设现代产业学院、开展订单培养等。

二、以高质量发展为导向的现代职业教育体系建设面临的困境

随着产业升级和结构调整，高端制造业和战略性新兴产业正在快速发

展。人工智能、大数据、云计算、互联网等技术正在加速融入生产过程。在这种背景下，对高质量、复合型技术技能型人才的需求正在快速增长。同时，随着共同富裕成为国家战略，国家和全社会将更加重视提升全体人民的素质和人力资本。人民群众对教育培训、技能学习和高质量职业教育的需求也变得更加旺盛。在这种背景下，以高质量发展为导向的现代职业教育体系建设既面临着难得的机遇，同时也面临着严峻的挑战。

1. 职业教育层次体系难以满足产业结构转型对高层次技能人才的需求

随着新时期产业结构的转型升级，新科技应用领域正在迅速深化和扩大。芯片半导体产业、新能源产业、电力装备产业、新材料产业等对高素质技能型人才的需求非常旺盛。在"十三五"期间，我国技能劳动者数量从 1.3 亿人增加到 2 亿人，其中高技能人才超过 5 000 万人。然而，技能劳动者占就业人口总量的比例仅为 26%，高技能人才仅占整体技能人才总量的 28%。与德国、日本等制造业强国相比，这一比例差距相当大。根据教育部、人力资源和社会保障部、工业和信息化部等部门共同编制的《制造业人才发展规划指南》，到 2025 年，十大重点产业领域的人才缺口将达到 2 985.7 万人，其中包括研发人才和技术技能型人才。然而，值得关注的问题是，目前我国职业教育体系的层级体系建设相对滞后，无法满足高端制造业的发展和制造业整体品质提升的要求。具体表现在高等职业教育大多是专科层次，职业本科教育发展还处于起步阶段，规模数量占比较少，硕士和博士层次职业教育仍然难以摆脱学术型人才培养模式的束缚。因此，打破以往高等职业教育仅局限于专科层面的限制，推进职业教育体系的层级升级成为当务之急，尤其是要重点发展本科层次的职业教育。

我国职业教育体系层级结构存在的问题，其根本原因在于产业发展需求与职业教育层次体系的不匹配。换句话说，随着产业结构转型升级，尤其是高端制造业对高素质技能型人才的需求增加，职业教育层次上移是必然的趋势。当前，我国职业教育层次体系偏低，主要原因有两个方面：一是由于职业教育发展滞后于产业结构变革，特别是高端制造业的快速发展；二是因为长期以来职业教育政策僵化，以及自上而下的行政控制式发展模式，缺乏因地制宜的政策支持体系。实际上，发展本科职业教育、提升高等职业教育层级一直是国家职业教育改革和发展的政策方向。2014年5月《国务院关于加快发展现代职业教育的决定》首次提出"探索发展本科层次职业教育"，并引导一批普通本科高校向应用技术类高校转型，重点举办本科职业教育。

然而，由于政策缺乏变通和灵活性，这从根本上限制了独立层次本科职业教育的发展。许多专科层次高职院校升格或有意愿升格但无门路，或只能与本科院校合办本科职业教育专业。2019年2月《国家职业教育改革实施方案》提出"开展本科层次职业教育试点"，推动本科层次职业教育实现形式和培养模式多样化，从政策上突破了上述"原则限制"。2019年6月教育部正式批准首批15所职业学院更名为职业大学，截至2021年底，先后有32所高校通过升格、转设等方式独立举办本科层次职业教育。2021年教育部先后发布《本科层次职业教育专业设置管理办法（试行）》《本科层次职业学校设置标准（试行）》，对规范发展本科职业院校和专业做出了具体规定；同年，中共中央办公厅、国务院办公厅印发的《关于推动现代职业教育高质量发展的意见》提出了"到2025年职业本科教育招生规模不低于高等职业教育招生规模的10%"的发展目标。可以预见，在发展"规范"和"目标"的双重带动下，"十四五"时期本科层次职业教育发展必将走向"快车道"。

当然，理论与实践之间存在差异。尽管本科职业教育已经成为独立的职业教育层次，但它仍然是一个新生事物。无论是升格、转设还是转型，以往的办学模式或人才培养模式的惯性仍然存在，并且对于如何突出本科职业教育的类型特色还需要一个逐渐实现的过程。首先，本科职业教育的办学定位和教学内涵不明确，人才培养的过程标准、考核或评估标准需要完善。本科层次职业教育的人才培养目标如何区别于专科层次，无论是认识还是具体教学标准都比较模糊。其次，虽然层次升本但内涵建设相对滞后，主要表现为专业建设专科与本科、职教本科与普通本科之间理念和要求的冲突，教学过程重理论学习轻技能培养，课程建设重学科体系轻实践体系。最后，办学条件薄弱，不仅表现在硬件条件上，还表现为思想观念、"双师型"教师队伍建设与本科职业教育的办学要求之间存在相当大的差距。因此，完善职业教育层级体系不仅表现在办学层次升级上，还表现为办学内涵的升级。

2. 职业教育人才培养体系还没有彰显校企融合办学的类型特色

职业教育，相较于普通教育，是一种跨界的教育形式，它打破了学习与工作、专业与职业、学校与企业的界限。可以说，职业教育是学校和企业共同参与的双主体、双场域教育，其核心就是校企合作。在实际操作中，职业院校不能孤立办学，而应走产教融合、校企合作的开放办学之路；产教融合、校企合作是职业教育办学的基础，也是职业教育人才培养适应人才市场的根本要求。2011 年，教育部首次提出了产教融合这一概念，此后国家相继发布了一系列文件对职业教育产学合作、产教融合进行了顶层设计、政策激励和细化制度安排。2019 年，国家发展和改革委员会、教育部等 6 部门联合制定的《国家产教融合建设试点实施方案》经中央全面深化改革委员会第九次会议审议通过。2021 年 10 月，中共中央办公厅、国务院办公厅印发的《关于推动现代职业教育高质量发展的意见》首次明确提出"将产教融合列入经济社会发展规划"；"以城市为节点、行业为支点、企业为重点，建设一批产教融合试点城市，打造一批引领产教融合的标杆行业，培育一批行业领先的产教融合型企业"。也就是说，产教融合不仅是推动职业教育高质量发展及人才培养模式改革的制度保障，也成为推进经济社会发展及产业结构转型升级的国家战略。从本质上来讲，产教融合及产教融合建设试点是涉及政府、社会、职业院校、行业企业等多元主体的协同行动,是一项综合性、系统性的改革工程。

但在具体实践层面,产教融合必须落实到校企之间的深度合作才能实现。究竟什么样的企业才能作为产教融合的合作对象呢?为什么产教融合又被称为职业教育发展的难点和堵点呢?这一方面与校企之间的制度性分离,以及企业缺乏参与职业教育人才培养的激励机制相关;另一方面与传统的职业院校封闭办学模式和人才培养模式相关。在计划经济时期,是部门(行业)办学、企业办学的体制,无论是中等职业教育还是高等教育,校企合作、产教融合具有天然的组织和制度保障,随着市场经济环境下教育管理体制改革和国有企业市场化改革,中等职业学校和高校逐渐脱离了行业或企业办学的体制,校企合作就成为校企双方基于自身利益和成本考量的理性选择。当合作成本大于收益或无利可图时,企业往往回避合作或仅形式上合作,当收益大于成本或可以达到互利共赢时,企业往往主动合作或积极参与职业院校人才培养。

实际上,这就存在一个校企双方的相互选择问题。从理想目标而言,职业院校应当结合当地社会经济发展的需要,在重点产业领域或转型升级的重点领域,选择与学校专业群发展相一致的企业,或鼓励行业企业尤其是上市公司、行业龙头企业举办职业教育。但实际上,校企之间远没有成为相互利益攸关方,更没有结成命运共同体,校企合作甚至主要靠彼此之间的关系或感情维持,因此也很难形成校企双方实质性的合作育人体制机制。

事实上,深化校企合作、产教融合的目的是促进教育链、人才链与产业链、创新链有机衔接,实现经济发展与职业教育的供求对接,以及职业院校与行业企业的需求对接。然而,实际上产教融合与这种理想要求之间还存在很大的差距。首先,对职业教育产教融合缺乏整体设计和系统化的制度保障,所谓的校企融合还只是停留在初级阶段的形式化合作,或者仅是点对点的连接,即一个项目对接一个项目、一个学校对接一个或几个企业、一个学科对接与之关联的行业。这既缺乏政府层面的顶层设计，也缺乏与区域经济发展、行业产业的整体性构建的联系。在职业院校专业设置、培养方案、教学资源、教学过程、学生就业等方面缺乏与地方产业、岗位需求及区域资源的针对性联系。其次，产业与职业院校的合作形式单一，或者仅局限于学生实习见习方面的合作，缺乏科技研发、技术创新、学科专业建设、课程开发、人才培养模式等一体化校企合作规划。同时，职业院校人才培养的学科导向思维仍然占主导地位，对产业技术创新和技术市场的需求不敏感，校企之间对产教融合目标的理解和执行存在相当大的落差。

三、以现代职业教育体系建设促进职业教育高质量发展

目前，我国职业教育的主要矛盾在于经济社会发展和人民群众对职业教育的需求与职业教育发展不平衡不充分之间的矛盾。这种不平衡不充分在形式上表现为职业教育体系的问题，本质上是职业教育质量问题。换句话说，职业教育体系与职业教育高质量发展是问题的"一体两面"，因此，要实现职业教育的高质量发展，必须通过建设现代职业教育体系来实现。

1. 强化职业教育的类型属性，完善职业教育人才培养的类型体系

《国家职业教育改革实施方案》提出，职业教育要"从参照普通教育办学模式向企业社会参与、专业特色鲜明的类型教育转变"，"职业教育与普通教育是两种不同类型的教育，具有同等重要的地位"。因此，加强职业教育的类型属性既是职业教育发展的战略定位，也是职业教育改革的理性选择。长期以来，职业教育之所以社会认可度不高，就是因为职业教育的类型属性不突出，没有凸显不同于普通教育的质量特色。

当前，加强职业教育的类型属性，关键是要从单个学校或局部的特色

追求转向职业教育体系建构层面，既要全面规划、系统设计，又要制度保障、政策引导。一是探索体现职业教育类型属性的校企深度合作育人模式。优化职业教育供给结构，推动形成紧密对接产业链、创新链的专业体系；积极推进引企入校、企业办专业，建设职教联盟、产业学院或产教融合型企业；推行以"招工即招生、入企即入校、企校双师联合培养"为主要内容的中国特色企业新型学徒制。二是构建体现职业教育类型属性的人才培养体系。实践中，亟待建立"职教高考"制度，完善"文化素质＋职业技能"的考试招生模式，打通中职（职高）毕业生升学制度"阻梗"；通过推行"1＋X"证书制度，构建职业教育的国家和行业标准，倒逼职业院校优化培养方案，创新人才培养模式；着力推进"三教"（教师、教材、教法）改革，系统规划教学体系"谁来教、教什么、如何教"的问题。三是建设体现职业教育类型属性的人才培养质量标准。从本质上说，职业教育教学标准来源于产业、行业、企业，而不是来源于学校、学科、教师；职业教育人才培养过程要始终贯彻"能力本位"理念，结合职业岗位或岗位群的需要，确定培养目标体系及教学评价和考核标准，并据此设置课程、组织教学内容。可以说，加强职业教育类型特性就是由学科主导的人才培养过程转向产业主导的人才培养过程，同时也是倒逼职业教育去"经院化"并逐步"回归职场"的过程。

2. 推进职业教育区域化发展，升级职业教育人才培养的层次体系

职业教育具有很强的区域性特征，这主要是由于办学主体和服务面向的区域性所决定的。一般来说，职业教育与区域经济发展有着很强的共生关系，经济活跃度越高或经济较为发达的地区，职业院校的人才培养质量就越高，毕业生就业质量的社会认可度也越高。因此，区域经济社会发展和职业教育发展需要统筹规划、一体化设计。一方面，政府要将职业教育改革纳入区域经济社会发展中长期规划，根据区域经济转型升级战略要求做好职业教育发展的顶层设计；另一方面，职业院校要主动根据区域经济

发展需求调整专业结构，增设新专业，改造传统专业，人才培养要与新经济、新技术、新产业、新业态、新模式实现对接，着力培养服务于数字经济时代的高素质技术技能人才。同时，随着区域产业结构调整、传统技术升级改造，尤其是区域高新科技产业的发展，亟须打破固化的高中阶段和专科层次的职业教育框架，形成"中—专—本—研"上下贯通的职业教育体系，建立贯通技术工人、技能人才、高技能人才、大国工匠的职业教育体系和人才成长通道。

当前，要重点落实职业本科教育实现形式多元化政策，一是优先遴选符合条件的"双高计划"高职院校升格举办本科职业教育；二是推进地方普通本科学校转型成为应用型本科学校；三是通过独立学院转设成为职教本科或应用型本科院校；四是支持有条件的高职专科学校、普通本科学校和应用型本科学校举办本科职业教育专业。同时，要探索不同层次职业教育人才培养一体化，推动不同层次职业教育在专业设置、培养目标、课程体系、培养方案等方面的有效衔接。

3. 创新职业教育多主体协同机制，建构职业教育人才培养的开放体系

职业教育是一种跨界教育，是多元主体的跨界合作教育，从本质上来说，职业教育体系是开放的体系。因此，职业教育改革是一项系统工程，不仅包括相关主体自身的改革，也包括相关主体之间的协同改革，着力构建政府统筹管理、行业企业积极举办、社会力量深度参与的职业教育人才培养的开放体系。首先，政府部门之间要密切配合，加大对职业教育发展的财政支持力度，切实引导社会用人单位加强就业和评聘制度改革，为职业院校毕业生营造更加公正的就业环境；人力资源和社会保障部门及相关行业协会协同制定和开发职业标准以及课程教学标准，保障人才培养过程和质量规范化；各级政府要通过多元化激励政策鼓励企业依法参与举办职业教育，让行业企业真正成为职业教育人才培养的主体。其次，职业院校要将开放型体系建设置于职业教育综合改革及多元主体协同中统筹落实。

职业院校要瞄准经济社会发展需求，狠抓人才培养体系的内涵建设，构建专业集群发展机制，使专业链与产业链、岗位链深度嵌接；推进工学结合、理实一体，面向复合岗位（群）需求，构建以职业能力为导向的模块化、开放式课程体系。实质上，职业教育改革与发展或人才培养问题既有职业教育或职业院校本身的问题，也与社会文化、制度环境和政策支持密切相关。因此，无论是职业教育体系变革，还是推进职业教育高质量发展，不仅需要政府统筹规划和顶层设计，也需要职业院校的自身努力，更需要全社会的关心、参与和支持。

第二节　职业教育校企合作模式的新视域

"共同体"是哲学社会科学领域的一个重要研究课题。从命运或生命的角度来看，共同体强调利益相关方的荣辱与共、风险共担、不可分割的一体化联系。职业教育是一种跨越职业院校和行业企业的双主体、双场域教育，它与普通教育不同，职业院校和行业企业之间存在着紧密的命运联系。《国家职业教育改革实施方案》提出了推动校企全面加强深度合作的要求，并强调培育企业承担职业教育责任的社会环境，以推动职业院校和行业企业形成命运共同体。然而，目前学界对校企命运共同体的理论研究还比较薄弱，实践中也缺乏典型案例。

一、职业教育校企合作命运共同体建构的前提依据

在学界或政策话语体系中，校企命运共同体有两种叙事路径。一种是偏实体化的叙事路径，它注重共同体的组织属性及其实践功能取向；另一种是偏规范化的叙事路径，它偏重以校企合作的规范性取向来理解共同体的发展方向。从本质上来看，校企命运共同体既是一种全新的职业教育发

展的规范性理念，也是有效履行职业教育功能的实体性组织，是规范性存在与实体性存在的统一。实践中，这种统一性构成了校企命运共同体建设的基本依据。

1. 实体性存在：校企命运共同体构建的理论依据

实体是一切存在物的起源。对于校企命运共同体的理解，主要集中在分析共同体的本质，致力于在澄清概念内涵的基础上找出职业教育活动中具体所指的内容，并试图建立一个明确定义的校企合作行动框架。作为一个描述性的概念，校企命运共同体指的是职业院校与行业企业基于共同的地域、情感，或者基于共同的利益和目标而形成的组织集合体，共同开展职业教育活动。作为具体的存在，校企合作命运共同体具有两个基本特征。

首先，从实践角度来看，校企命运共同体是职业教育活动中的一种实体组织形式。这种共同体是基于校企合作的共享活动，如人才培养、技术创新、社会服务等形成的。校企合作双方形成了一种紧密的、不可分割的一体化组织，即"你中有我、我中有你"的关系。在实践中，这种共同体具有丰富多样和广泛外延的概念，如产教融合型企业、产业学院、订单式培养专业，以及股份制、混合所有制职业院校。在这种共同体中，校企合作双方相互熟悉、持续互动，并将资源共享、互利双赢作为共同体存在的必要条件，其中每一方都生活在对另一方的相互依赖的关系之中。

其次，从组织价值的角度来看，校企命运共同体的存在基于校企双方对校企合作规范的认同。校企合作不是由某一方强加的，也不是政府的"拉郎配"，而是基于共同的目标和利益需求而共同建立的组织体。长期以来，在校企合作过程中，职业院校或企业之间存在着"单依赖、无互动"的问题，要么是因为利益关系的偏向性，职业院校只是利益的获取者、寄生者，行业企业缺乏利益激励或有效收益；要么是因为文化信念的离散性，缺乏共同发展的价值共识。事实上，校企命运共同体是建立在利益相关者相互认同的基础上的，不仅涉及校企双方如何行动、如何合作，而且也为可能的利益冲突设计了一致性的解决方案。或者说，校企命运共同体规定了自身存在的合法性和必要性，以及区别于短期或一次性合作的本质特性。

随着我国经济发展进入新常态，经济结构转型升级对高素质技术技能型人才的需求日益增长，人们对实体性校企合作的期待也越来越高。这种期待反映了职业教育作为一种独特类型的现实需求，希望能够得到确定性和实在性的组织保障。然而，在实践中，将共同体理解为实体性存在面临着许多障碍。首先，无论是基于情感关系、责任情怀，还是基于共同利益、政策导向，实体性思维都包含着一个共同的预设，即共同体本质上是客观存在的功用性组织，建立共同体就是重建一种能够全面发挥职业教育功能的教育实体。然而，在现实中很难找到这种理想类型的共同体，实践中也因为各种原因的限制难以实现预设的校企合作目标。其次，由于缺乏弹性思维，共同体建构中导致校企合作缺乏灵活性甚至僵化。同时，缺乏弹性思维还意味着忽视了职业教育跨界合作影响因素的复杂性，缺乏组织开放、规范和形式多样性的制度弹性。这容易导致校企合作体系自我封闭，进而使得关系僵化、利益固化、活力减弱，最终导致校企合作名存实亡。

2. 规范性导向：校企命运共同体建构的本质要求

实体化的共同体揭示了校企合作的组织属性和实体性样态，但缺乏对校企双方之间的关系及实现形式多样性的深刻把握，更没有从规范性的角度为共同体建构提供更多的空间。所谓规范性是指一种理论主张如果在事实性描述之外还蕴含着"什么是应该的""应该主张什么"等要义，并依据这种要义对客观现实作出评价、反思等价值审视，这就意味着它蕴含着"规范性"。实际上，不能仅将校企共同体建立在利益性、情感性、资源性的基础上，要更多地关注共同体对校企双方的意义，以及共同体所承载的共同信念和价值取向。共同体本质上是规范性存在，它体现为对职业教育校企合作的价值性维度的理解，反映了人们对校企合作人才培养功能的期待和追求。实践中，校企合作共同体的建构不仅关系复杂，而且充满不确定性，完全是根据市场行为校企之间相互作用而实现社会建制的过程。也就是说，我们建构校企命运共同体，不是因为实践中有一个可模仿的样板，也不是仅为建构一个实体化的组织，而是在教育逻辑和市场逻辑下建构一种超越实用性功能的职业教育价值规范和利益相关者之间的交往秩序。

　　作为一种规范性存在，校企命运共同体具有以下特点。首先，共同的利益诉求。共同利益是指校企双方之间的利益及单方利益与整体利益之间存在共存共荣关系。当然，这种共同利益不是校企之间的相同利益，实际上，校企双方在合作过程中所追求的利益是有本质不同的，但共同体存在的前提是只有通过校企合作才能产生收益。其次，共同的价值取向。为了实现校企双方的良性互动，共同体建构必须承载共同的价值追求，这是共同体规范性存在的内在要义。从新时期校企命运共同体构建的现实意义来看，主要包括三个方面的内在价值。一是共同体构建的教育价值。在职业教育领域，人们之所以热衷于讨论校企合作，根本原因在于对现行职业教育人才培养模式的焦虑。实际上，无论怎样强调互利双赢，都必须是基于职业教育人才培养功能的双赢。在这个层面，共同体被看作是蕴含教育伦理和人才培养价值的校企之间交往秩序的规范性体系，这也是共同体建构的基本逻辑。二是共同体的文化价值。任何共同体首先是文化的存在，同时也是多元文化的存在，构建共同体就是倡导多元文化之间的兼容并蓄、和而不同，增进文化交流与文化创新。校企命运共同体基于共同的合作目标，将校企不同特质的文化融合在一起，形成相互包容的共同体文化。这种文化既是共同体本身发展的需要，也是职业教育人才培养的需要。三是共同体的合作意蕴。合作是个人与个人、群体与群体之间为达到共同目的，彼此相互配合的一种联合行动、方式，其本身就蕴含着人文情怀和价值关怀。校企毕竟是不同性质的利益实体，如何实现基于教育目标的资源整合，如何在共同协商中实现教育共识，这就需要合作。实践中，解决合作问题是校企命运共同体建构的规范性目标取向。

可以看出，校企合作命运共同体是一个正在生成的过程，现实中很难有一个完美的样态，也没有一个统一的标准组织形式和治理模式，它本质上就是根据具体的职业教育情境与利益相关者需求来建构的校企合作的规范性导向和交往秩序。或者说，校企命运共同体是职业院校和行业企业面对复杂的生存竞争和发展难题时而结成的相互依赖、相互影响、相互需要的关系框架，这种框架必然驱动建构一种具有共同目标取向的价值规范和交往秩序。从这个意义上说，校企命运共同体是一种融利益、价值、文化、管理等为一体的交互性共同体。

二、职业教育校企合作命运共同体建构的实践确证

随着产业结构的转型和工作岗位所需技能的升级，人才培养的职业化、个性化发展需求不断增加。这必然推动职业教育人才培养模式进行根本性变革，并升级政府、职业院校、行业企业等多元主体的合作模式，构建命运共同体模式，以共同应对经济结构转型背景下校企双方生存与发展所面临的挑战。需要特别强调的是，校企命运共同体不是传统计划经济体制下校企一体化关系的简单回溯，更不是政府强制下的"生拉硬配"，而是进入自在自为、产教融合的校企关系状态。

1. 校企不同的治理逻辑需要建设命运共同体

职业教育是一种跨界教育，跨越学校和企业两个领域、学习和工作两种活动。从世界职业教育发展趋势来看，建立"学校—企业"教育共同体

已经成为培养职业技能型人才不可或缺的办学模式。然而，在实践中，职业教育校企合作不仅是一个教育问题，而且是一个经济问题。在计划经济体制下，行业企业举办职业院校或直接负责职工培养与培训，职业院校与行业企业本身就是一体的，因此不存在校企合作的问题。随着市场经济的发展以及 20 世纪 90 年代的企业改制和教育管理体制改革，职业院校与行业企业由一体走向分离，原来隶属于行业企业的学校划归为教育行政部门管理，企业不再承担举办学校教育的职能。在市场经济环境下，职业院校与行业企业是两类不同性质的社会组织，呈现出不同的利益取向、运行逻辑、治理结构。企业以盈利为目的、以市场需求为导向，追求盈利和资本增值是第一位的，社会责任包括教育责任是第二位的，企业作为一个市场主体，政府无权强迫企业参与校企合作。尤其是在企业人才培养与人才招聘体制性分离及缺乏必要的教育成本补偿和政策保障机制的条件下，稳固的校企合作体系很难形成，因此很容易出现校企之间"貌合神离"及合作关系的短命化现象。

实际上，在开放办学的时代，职业教育最突出的问题就是人才培养体系封闭化。人才培养体系封闭化与职业教育的类型特征不彰是"一体两面"的关系，封闭化导致职业教育与经济发展脱节，职业院校圈定于"围墙"内办学，面对激烈的人才市场竞争学校孤立无助，在空间上与社会隔离，在心理上与企业隔膜，学校与职业的内在联系受到忽视或破坏，从而导致职业教育普通化，以至于中职教育变成"升学教育"，高职教育成为本科教育的"压缩饼干"，课程架构以学科体系为指导，没有凸显产教融合的职业教育特色。传统上，只将职业院校视为职业教育机构，教育的产品是一元化的，即学生的供给与需求，而现代职业教育体系中具有资格的企业也成为职业教育机构，教育的产品是多元化的，既包括教师的实训需求和企业兼职教师的供给，还包括对企业实训基地的需求和实训设备的供给，行业企业和职业院校相互融合都是职业教育的主办者、参加者互为职业教育供给和需求行为的主客体。在这种背景下，产教融合、校企合作、工学结合建设校企命运共同体就不再是一种愿望和理念，而是成为实实在在的实践运动。

2. 企业技能的专业性亟须构建命运共同体

从发生学的角度来看，校企合作不是自动发生的，因为合作会带来成本。只有当合作收益大于合作成本时，校企双方才会自觉地通过合作实现双赢。从理论上讲，校企双方是技术技能型人才的供求主体。当人才市场供不应求时，职业院校倾向于选择独立于行业企业进行封闭办学；而当人才市场供大于求时，职业院校则倾向于通过校企合作为人才培养体系赋能，以提升毕业生在人才市场上的竞争力。同样，如果行业企业不需要投入就能获得所需的技能型人才，它们就会避免校企合作的成本和可能的风险。因此，校企合作的前提必然是通过合作能够实现利益最大化、成本最小化。一般来说，企业招聘技术技能型人才有两种途径：一是直接从人才市场招聘，企业不涉及职业院校的人才培养；二是通过与职业院校合作培养人才，企业也是人才培养的主体。当前，无论是职业教育人才培养体系建设还是经济社会发展对技术技能型人才的现实需求，校企合作已经成为职业教育发展的必要路径。也就是说，校企合作不仅是为了一方获利，而是为了追求双方互利共赢、共同抵御市场风险。实际上，校企双方在一个特定的制度空间和组织框架内形成了一种竞争性合作关系。所谓合作包括共建专业、共建课程、共建平台、共建师资及共同维护双方互动的行动框架，进而形成校企命运共同体；所谓竞争是指合作双方投入的资产具有高度的专用性，但由于收益双方产权不明确（如学生培养与就业场域分离及合作研发收益的非均衡分配），就会导致利益联结机制弱化。因此，校企合作证明了共同体建构的可行性，而校企竞争则证明了共同体建构的必要性。

同时，经济结构转型升级不仅使得职业教育主动寻求与行业企业合作，而且也使得行业企业从被动合作向主动合作转变。从利益动机来看，企业之所以主动寻求校企合作，是由企业所需技能形成的复杂性和专用性所决定的。在规模化、程序化生产及技术层级较低的企业，需要更多的掌握通用性技能的员工，而通用性技能可以通过人才市场购买，不需要企业专门投入或直接参与培养。当前，以智能化、网络化、数字化技术为核心的工业革命，不仅正在或将要催生一批新的先导产业，而且从根本上改变了传统产业的技术基础、组织模式和商业形态，企业的设备、技术、标准也逐渐呈现出专属于自身的专用性特征。然而，技术技能专长的形成要求个体在领域内有长时间（职业学校学习—职场实习—职场工作—基于工作的学习）、多场域（职业学校—企业工作场所—社会）的知识积累、社会化浸润和专业实践参与。同时，为降低环境不确定性变化带来的风险，需要政府、行业协会等部门参与到校企合作，通过制度供给来为他们之间的合作提供可信的承诺和保障。当然，这种专用性技能不仅包括专业层面的硬技能，也包括企业文化、价值观念等软技能，前者通过技能培训或岗位实习就可以形成，后者则需要通过"浸染"才可以养成。在这种背景下，校企合作必须从传统浅层次的依赖关系模式转向供需互嵌、文化相容、资源共享的命运共同体模式。

三、校企合作命运共同体建设的内在逻辑与制度困境

校企命运共同体是一种跨界合作的职业教育理念，也是一种脚踏实地的校企合作实践路径。如果将共同体视为一种经验事实，它在实践中确实有实现校企深度融合、提升人才培养质量、彰显职业教育类型特色等积极效果。如果将共同体视为一种规范性导向，它在经济结构转型背景下被寄予了提升职业教育质量的价值期望。现在的关键问题是，要把握校企命运共同体的实质和发展趋势，就必须深入探究其内在逻辑；而要解决校企命运共同体的实践问题，就必须明确共同体制度化过程中存在的现实障碍。

1. 校企命运共同体建设的内在逻辑

校企命运共同体可以被看作是职业院校和行业企业之间人员交流、资源交换、信息共享的深度扩展。同时，共同体使得现代职业教育发展呈现出利益、文化、资源等要素跨界整合的实践特征。首先，共同体建设需要各利益相关者共同治理和维护校企合作的组织边界和行为框架；其次，校企之间资源、信息、人员等要素需要无阻碍且有目标地流动。本质上，共同体建构就是实现校企之间职业教育要素的结构性联系。在探讨共同体建设内在逻辑时，存在三个相互关联的问题：第一，共同体建设的主体是谁？第二，共同体存续的动力和机制是什么？第三，哪些要素和问题需要被纳入共同体？

从场域理论的角度来看，校企共同体是职业教育功能的跨界延伸，以及职业教育与区域经济联动发展的共生环境。如果将场域视为职业教育活动的基本构型，那么现代职业教育活动已经超越了职业院校这个传统场域的限制。实际上，不仅教育资源配置和人员交流已经超出了传统场域的范围，学生技能的培养和职业文化的养成也不可能仅局限于职业院校的范围。人才培养目标的新要求必然引发职业教育结构和组织功能的变革。当前，职业教育正从经济社会发展的边缘走向经济结构转型战略的核心，职业教育人才培养供给体系与人才市场需求体系之间的黏合度逐渐加强，政府、行业企业、职业院校、市场和社会成为职业教育发展的利益相关者。与传统的以实习基地建设、订单式培养、教师入企提升实操技能等形式来描述校企合作不同，新型校企合作关系旨在实现产业发展与人才培养的融合。校企共同体是职业教育活动的重新场域化，或者说职业教育场域在组织结构和功能上的重构。那么，如何在体制机制上保障这种场域重构呢？

从运行逻辑来看，校企命运共同体就是职业教育永续动力的发展机制。首先，校企命运共同体是一种职业教育观。这种教育观不同于单一主体的教育观，共同体观念是基于不同利益相关者之间职业教育行为的预设，即以一种特定的组织形式将职业教育活动纳入具有预定目标的框架。从理想状态而言，共同体就是将职业教育活动或人才培养活动构建为一个体系，并把校企及其他利益相关者置于权责利相统一的组织保障系统之中。由此，这就需要建立多主体、多因素联动的整合和治理机制，包括市场机制、行政机制、学术机制、社会机制等。其次，校企命运共同体是一种利益相融机制。传统职业院校"求合作"模式已经无法适应经济结构转型对职业教育发展的要求，共同体建设被视为校企相互依赖深化乃至校企双方命运与共、发展与共的过程。实践中，职业院校所面临的职业教育难题已不仅是自身问题，而是已经演变为只有通过跨界合作才能解决的问题。当然，仅靠校企之间的自愿合作、自发合作是不够的，这就预示了政府或社会组织介入共同体建构的必要性。其一，政府或社会组织介入能够防止市场配置资源低效率或市场机制失灵，为校企合作创设必要的政策和社会环境；其二，政府介入可以保障校企双方责权利统一及利益关系的整合，尤其是为企业参与职业教育创设激励机制。

2. 校企命运共同体建构中的制度性困境

职业教育的共同体模式是一种组织行为体系，旨在帮助所有参与者（政府、职业院校、行业企业等）确认和处理跨界合作问题，并提供规范、程序和制度。然而，在实践中，共同体面临着校企之间制度性"隔阂"的现实困境。

首先，校企合作存在依附性困境。作为一种教育职能体系，校企合作共同体需要相对稳定的结构框架来保证其有效运行。然而，传统的校企合作关系是职业院校对企业的依赖或依附性关系。在这种关系结构中，职业院校为了提升质量的生存竞争或完成人才培养方案的现实需求，想方设法与企业建立联系，而企业出于利益得失的考虑则不情愿与职业院校合作，或者只是被动或形式性地合作。这种单向的依附性关系或偏利性结构决定了校企双方在合作关系中的话语权或利益需求的不平等地位。职业院校基本上处于"饥不择食"的境地，对合作企业的选择范围有限；而行业企业可以根据自己的喜好选择与谁合作及不与谁合作。由于企业拥有适宜的教育资源和教育环境，而职业院校往往无法提供企业所需的合作"资本"，因此，职业院校不可避免地会处于依附性地位，这种合作关系也不可能持久。同时，这种依附性的单向偏利结构还加剧了同一区域院校之间的竞争，忽视了职业院校之间携手合作的发展思路，更没有形成职教集团的聚集发展机制。从理想状态来看，校企双方或职教集团各成员之间相互依赖、利益共赢意味着共同参与、共同协商职业教育活动，也包含着风险共担和问题共解机制。因此，校企命运共同体建构的关键在于对校企双方教育主体身份的认同和共同利益的确认，尤其是要通过体制机制创新引导行业企业从职业教育的旁观者，转变为职业教育的办学主体、教育主体。

其次，校企合作面临着治理困境。这种困境首先源于对治理模式的理解和应用。从本质上讲，职业教育是准公共产品，属于公共治理的范畴，因此，校企合作不仅涉及校企双方之间的关系，还包括其他利益相关者之间的关系；同样，校企合作的治理模式是在一定的组织框架和制度规范下，多元利益主体通过持续互动和充分协商来开展职业教育活动的过程。理论上，校企合作治理有三种理想模式类型：行政治理、市场治理和学术治理。然而在实践中，理想类型往往会变成混合型的治理结构，即以理想类型为主体的混合型治理结构。行政治理的核心是强调政府的权威性，利用政策杠杆为校企合作提供具有导向性的制度环境。市场治理的核心是校企双方基于利益和生存竞争的需要自愿结成以市场为核心的治理结构体系，市场需求是校企合作的原动力。学术治理注重学校及其学术委员会主导、行业企业参与校企合作过程，并依据社会需求建构以学院为中心的治理体系。实际上，这三种治理模式都不是全能的甚至是相互冲突的，一种治理模式如果仅具有某种程度和范围的实用性，要落实成为现实的实践形态，就必须具有特定的精神支撑和制度保障作为校企双方共同的前提条件。实践中，校企合作往往面临多元利益主体之间在价值、信念、态度等方面内在的矛盾与冲突，不同治理模式或不同利益主体之间的协同与融合还很困难；虽然国家或相关部委相继颁布了一系列校企合作的政策文件，但主要属于倡导性的，责任和利益的主体不够明确，缺乏刚性约束及具体的执行和评价标准。

最后，校企合作中存在行政悖论。在校企合作模式中，到底谁是真正的和可行的治理者，是政府、学校或企业，还是社会第三方？在市场经济条件下，校企合作预示着校企双方是独立的利益主体，或预示了不受任何行政干预的合理性，但由于校企双方利益取向和行为取向的差异，实际上又不得不强调政府的政策规制、行政干预等职能的必要性；与此同时，政府面对校企合作中复杂的利益冲突，往往力不从心甚至束手无策；行政区划的阻隔限制了地方政府推动跨区域校企合作的可能性，以及弱化了地方政府跨区域合作制度建构的责任。这就是校企合作中的行政悖论，或者称之为"政府失灵"。从理想状态而言，政府行政是公共治理的基本机制，市场环境下完全依靠校企合作的自组织机制，其成效肯定是有限度的，因此，发挥政府宏观调控、政策导向及社会组织的协调作用是较为理想化的制度安排。同时，校企合作的行政悖论的另一种现实困境是政策执行的场域化。不同区域的经济发展环境、不同的校企合作关系，往往会带来政策属性、执行环境、执行模式的变化；同一政策往往会导致并非一致性的政策成效，政策执行过程中的政策变异也时有发生。可以说，校企合作治理中的行政干预和规制处于既有存在的必要，也有多余之嫌的两难境地。

可见，校企合作关系的治理结构面临的制度化困境，表明在市场经济及经济结构转型背景下，校企合作越来越充满不确定性和复杂性。可能的出路是，不能简单地把校企合作看作解决一切职业教育实践问题的方案，而是要超出传统治理的视野，着力于构建更加稳定和更具有协调性的校企命运共同体。

四、职业教育校企合作命运共同体建构的实践路径

校企命运共同体是产学研深度融合和培养技术技能型人才的规范存在，旨在从系统性的角度反思经济结构转型升级背景下职业教育改革的理论和实践逻辑。它包含了职业教育作为一种教育类型的特色发展路径。本质上，校企命运共同体更加强调校企双方基于人才培养的利益认同和自主合作的共存方式。在实践层面，校企命运共同体既是一种抽象单一的概念，也是一个具体多样的概念。只有从具体的情境出发，我们才能准确阐述校企命运共同体建构的具体路径。

1. 校企命运共同体规范性与多样性的统一

校企命运共同体并非统一的实践模式，而是一个具有规范性的价值共同体。在实际操作中，共同体呈现出多样化和多态的特点，规范性和多样性是相互包含的范畴。这意味着校企合作的实践形式应具有一定的同构性，同时各种校企合作的实际实践形态都具有其存在的合理性。当前，我们对校企合作关系的论证主要关注价值、利益、文化等共同体规范性要素，而忽略了这些规范性因素现实基础的形成过程，从而忽视了校企合作具体实践环境的特殊性及多样化共同体实践形态的意义。

校企命运共同体概念以校企合作的规范性或共性为理论基础，并认为共同体的多样性是由利益相关者之间具体的活动方式或治理结构所决定的，不存在固定的模式。因此，对于共同体的存在形态而言，规范性蕴含于多样性之中，而多样性实践才是共同体发展的目标。从实践层面来看，由于价值取向、利益关系、政策环境、区域经济发展水平等方面的差异，

共同体存在不同的实践形式和发展层次。因此，共同体建构需要通过规范性要素整合和规约多样化的共同体形式来实现，而非简单地消除、替代或磨灭校企合作关系的多样性。在实践中，规范性要素的存在需要满足两个基本条件：一是校企双方必须建立以价值取向为核心的合作体制机制；二是不存在单方面的利益剥夺或零和博弈，尤其是在缺乏共同文化价值认同的情况下。

2. 校企命运共同体运行机制的变革

校企命运共同体的构建旨在解决运行机制问题，即不仅要明确共同体的共同利益和共同问题所在，还要探索如何保持共同体运行的长期有效性。在实践中，校企合作机制不应仅服从某一方的利益或行政权力的强制性干预，而应以实现校企双方利益最大化为目标。

首先，需要建立有效的规范约束机制。目前，校企合作体系尚未建立属于校企共同目标的遵循规则，大多数是短期合作的临时性协议或承诺。没有共同的规则约束，校企合作容易陷入依附性体制；要使校企合作从理念变为行动，就必须打破一方对另一方的结构性压制。一方面，规则应成为约束校企及利益相关方行动主体的底线和责任，并将其纳入服务于共同体目标之中，不能因追求某一方利益而破坏共同体的规则；另一方面，应根据校企共同体的层次和目标制定具有针对性的治理规则，规则的制定不能仅基于抽象的价值和观念，而应置于真实的校企合作环境中，通过上下结合或横向联合制定规则。

其次，需要提升校企双方的包容机制。校企命运共同体的构建不能依赖政府强制性的"拉郎配"，关键在于弄清楚校企双方的内在共同需求，将专业建设、基地建设、师资建设、课程建设等人才培养的核心要素纳入产学合作体系，建立基于相互需求的互动和交往机制。共同体内校企交往的基础不在于利益竞争而在于利益共享，其中的利益不仅是各自考量的经济利益、声誉利益等，关键是关乎校企双方生存发展的共同利益。实践中，这种共同利益的直接表现就是人才供给侧与需求侧的精准对接，课程体系与企业技术体系的对接，所学知识技能与岗位需求的对接。尤其是在生产智能化、柔性化、物联网的背景下，无论是生产工艺改进、工程科技创新还是人力资源结构升级，校企任何单一主体都无法独立承担这些责任。包容机制的本质就是消除相互之间基于利益、价值差异的"门户之见"，寻找利益整合的共同点，凝聚校企合作共识点。

3. 校企命运共同体治理范式的转换

校企合作表面上看是校企之间的合作，实际上涉及政府、社会、市场等多元利益主体构成的治理环境的变革。传统的校企合作治理是单一主体主导的治理结构或校企协商的治理结构，其他治理形式及其与之相连的治理机制趋于失效或缺位。治理范式转换是对治理模式的重新设计或不同治理模式的平衡或妥协。一是多机制治理，即超越单一行政机制、市场机制及学术治理机制的治理模式。实践中，区域内职业院校与行业企业组成职业教育园区或职业教育集团，通过协商和对话，实现合作治理；弘扬职业教育价值观，形成崇尚技能的社会氛围，为校企合作营造积极的社会舆论文化，实现文化治理；充分发挥社会组织或行业协会的作用，创新培训评价、标准开发、发证考核等职能，实现社会化治理。二是多场域治理，即针对不同区域、不同层次和类型的共同体，依据其不同的政策环境、建设目标来界定校企合作的范围和形式，型构利益相关者、行动路线和行动事项之间的关系结构，进而形成多样化的治理模式。实践中具体表现为区域校企共同体、职教集团共同体，以及课程建设、基地建设、师资建设共同体等。三是多中心治理，即任何校企共同体都处于一定的制度和生存环境之中，都要接受外部利益主体的约束、规范及其提供的条件。这就需要打破单一权力中心的治理框架，建构政府、社会、院校、行业企业等多元职责主体有效协同的治理体系。同时，多中心治理也是推进社会多元主体办学，实现产教深度融合的基本路径。从理想层面而言，校企合作的治理逻辑不仅是以解决问题为导向的，而且是以建构共同体为导向的。我们之所以强调共同体治理范式的转型，主要是基于经济结构转型升级的现实背景，直面校企合作中的普遍问题，实现共同又有差异的多元化共同体发展模式。

第三章　现代职业教育的培养目标
与专业设置

第一节　现代职业教育的培养目标

我国现代职业教育的主要教育主体和核心是各级各类职业学校。作为教育目标体系中承上启下的关键一环，现代职业教育培养目标直接体现了国家的教育目的。通过对职业学校的办学标准进行规定，可以对学校内部各项工作进行有序指导，促进其有序展开，并指明职业学校的发展方向，在职业学校发展中具有至关重要的作用。

一、现代职业教育培养目标的内涵

现代职业教育的培养目标对现代职业教育实践起到定向、引领、规范的作用，因此，掌握其内涵是进行现代职业教育实践的前提。

（一）现代职业教育培养目标的定义

教育培养目标在教育领域中具有至关重要的地位，是一个不可忽视的基础问题。一般来说，它主要包括以下三个方面：掌握知识、培养能力和塑造人格。这是国内学者根据国外发达国家的高等现代职业教育发展历程总结出来的知识本位、能力本位和人格本位三个阶段，每个阶段都与经济社会发展密切相关。

所谓"知识本位"，是指以传授经验和知识为主，并注重培养某种职业技能的培养模式。其特点是以学科课程为主，辅以一定的技术课程和实践练习，追求理论知识的完整性、系统性和严密性，而相对轻视理论知识的实用性和实践性。知识本位的课程体系由"基础课＋专业基础课＋专业技术课"构成。

"能力本位"模式自 20 世纪 80 年代引入，其核心是对毕业生相关职业能力和技能的培养。这种培养往往需要借鉴现有市场方向。同时，该模式也被称为模块教学，这个名字源于其教学方式：将所学技能划分为多个模块，逐一进行教学，使学员逐个掌握，然后再将这些模块统一起来，达到技能的完善学习。这种教学方式在我国现代职业教育的课程改革中起到了关键的指导作用，极大地推动了我国现代职业教育的发展。

"人格本位"以提升劳动者个体素质和人格为目标。它认为，现代职业教育所培养的学生不仅应具备必要的知识和技能，还必须具备健康的职业心理和职业道德。在面对迅速增加的新知识和快速变化的技术时，他们应该用终身教育思想、积极向上的精神和自主创业的意识来应对和迎接现实和未来的职业生涯。

（二）现代职业教育培养目标相关概念辨析

培养目标在现代职业教育领域有许多意思相近、容易为人混淆的相近名词，为了便于更好地把握培养目标的正确含义，从而对其内涵进行深入剖析，我们需要对其易混词进行异同比较，发现其特点。

1. 教学目标与培养目标

教学目标是指学校在教学过程中确立的目标，主要通过教学来实现，具体指在教学过程中教师希望取得的教学效果。而教学是学校完成教育诸多方式中的一种，教育的最终目的是培养人才，所以，可以说教学目标是培养目标的一部分，教学目标的完成推进了培养目标的完成，但并不代表培养目标的最终完成；教学目标是培养目标完成必经的一部分，人才的培养分为许多方面，教学只是其中的一部分，除此之外还有身体素质等方面的培养，可见，培养目标的完成是多方面组合因素的逐个完成。

2. 教育目标和培养目标

关于教育目标，目前人们对其含义有不同的理解。有人把教育目标理解为两层含义：既包括抽象概括的教育目的，又包括一系列具体个别的目标。在国外，一些国家的教育目的就是通过教育目标的形式来阐述的。也有人在理解教育目标时，把它等同于培养目标，为了不引起歧义，在这里使用培养目标。

（三）各级各类现代职业教育的培养目标

职业的教育并不是单一的、某一种职业的教育，其常常因社会的进步、市场需求的改变而发生一定的变革。这就要求我们不能一味地依赖培养目标体系进行现代职业教育建设，而应该根据这个体系在不同地区的特色对其进行明显分区，通过对各级各类教育目标的了解从而统筹整个培养目标体系。

1. 初等现代职业教育的培养目标

作为现代职业教育的最低级层次，初等现代职业教育在许多西方国家已经逐渐退出历史舞台，但我国因为各地文化发展水平的不均等，这种低层次教育模式仍然存在。初等现代职业教育在我国并未发挥现代职业教育的作用，而主要是起到扫盲和脱贫两个重大作用，对帮助那些"山里的孩子"走出大山发挥着重要的作用。现在的初三分流、初中毕业后加上一年左右的现代职业教育、初中阶段的职业技术中学，以及与成人教育交叉的农民初级技术培训都属于初等现代职业教育的范畴。目前，我国正在大力推行的普及九年义务教育，已经把接受初等现代职业教育作为其中的一个重要组成部分，特别是在农村还应发展初等现代职业教育。

由于初等现代职业教育的办学形式较多，差异也比较大，因此难以具体描述出其培养目标。总的来说，初级教育的培养目标主要是为了培养出具有一定的科学常识，各方面的综合能力较为完善，可以为国家建设贡献一定力量的低级劳动力，这为一些文化较低者的就业指导提供了方向。

2. 中等现代职业教育的培养目标

作为我国现代职业教育的主体，中等教育的教育结构和我国社会发展水平是相适应。同样因为历史原因，我国的中等现代职业教育目前存在中等专业学校、职业高级中学和技工学校三种类型，三者的培养目标在很长一段时间内都存在差异，虽然随着社会的进步，差异逐渐消除，却依然不能否认其曾经的存在。

（1）中等专业学校的培养目标。中等专业学校是新中国成立后最早发展的中等职业学校类型，培养目标定位在从事技术工作和管理工作的专门人才上。它从初中毕业生中招生，学制3~4年。从办学单位来区分，有中央部委办的部委属中专，省厅、局办的省属中专，还有市一级办的市属中专；从办学形式上看，存在着普通中专、职业中专、电视中专、成人中专等多种类型。

对于中等专业学校的培养目标，在1979年6月教育部发布的《全日制中等专业学校工作条例》（征求意见稿）中规定：中等专业学校的学生应"具有爱国主义和国际主义精神，具有共产主义道德品质，拥护共产党的领导，热爱社会主义，立志为社会主义事业服务，为人民服务；逐步树立无产阶级的阶级观点、劳动观点、群众观点、辩证唯物主义观点。具有相当于高中的文化程度，并在此基础上掌握本专业现代化生产所需的基础理论、专业知识和实践技能，培养分析问题和解决问题的能力。具有健全的体魄"。

（2）职业高级中学的培养目标。我国职业高级中学的学制一般为 3 年，作为兴起于 20 世纪六七十年代的教育方式，职业高级中学的存在实际上是类似于将经受初等教育的学习者的能力提升到高中水平。1990 年，国家教育委员会颁发的《关于制订职业高级中学（三年制）教学计划的意见》中指出，职业高级中学的培养目标是有理想、有道德、有文化、有纪律、热爱社会主义祖国和社会主义事业，具有为国家富强和人民富裕而艰苦奋斗的献身精神；具有实事求是、独立思考、勇于创造的科学精神；具有良好的职业道德、职业意识、职业纪律、职业习惯、忠于职守的敬业精神；掌握直接从事某一专业、工种必需的文化基础知识和素养、专业技术知识和操作技能；有健康的体魄。还明确规定："根据国家的教育方针和社会主义现代化建设的需要，职业高级中学的任务是培养中级技术工人、具有中级技术水平的农民、中等管理人员、技术人员和其他从业人员。"

（3）技工学校的培养目标。创办于 20 世纪 50 年代中期的技工学校是中等现代职业教育的重要组成部分，主要是为了培养中级技术工人，学制一般为 3 年。关于技工学校的培养目标，劳动部曾在一系列的文件中做了明确的阐述。

1961 年的《技工学校通则》指出，"技工学校是培养具有社会主义觉悟、中级技术水平和中等文化程度的技术工人"。

1979 年的《技工学校工作条例（试行）》指出，"技工学校的基本任务是为实现社会主义的四个现代化培养有社会主义觉悟的、能够掌握现代化技能的四级技术工人"。

1986 年的《技工学校工作条例》指出，技工学校"必须贯彻执行党和国家的教育方针，面向现代化，面向世界，面向未来，不断提高教育质量，把学生培养成合格的中级工人"。

　　历史遗留问题导致我国的中等现代职业教育目前主要有这三种教学方式。那么这三者之间又有什么联系呢？一般认为：中专培养出的主要是管理型技术人才，基本就业方向主要是技术员和基层干部；而技校培养出的一般是基层的技术人员；职业高中两者皆有涉及，既培养初、中级技术管理人员（也简称为"员"），又培养基层的后备劳动工人（就是所谓的"工"）。但是三者由于同属于教育的范畴，同时，教育的内容也具有交叉性，这就导致三种系统体系十分不明确，难以统一。教育部下发的《关于调整中等职业学校布局结构的意见》指出，要调整中等职业学校的布局，优化教育资源，合并中等专业学校、技工学校、职业中学，淡化中专、职高、技工学校的界限。

　　2000 年，教育部制定的《关于全面推进素质教育，深化中等现代职业教育教学改革的意见》要求，中等现代职业教育"要全面贯彻党的教育方针，转变教育思想，树立以全面素质为基础、以能力为本位的观念，培养与现代化建设要求相适应，德、智、体、美等全面发展，具有综合能力，在生产、服务、技术和管理第一线工作的高素质劳动者和中初级专门人才"。职业学校培养的学生应具有科学的世界观、人生观和爱国主义、集体主义、社会主义思想及良好的职业道德和行为规范；具有基本的科学文化素养、必需的文化基础知识、专业知识和比较熟练的职业技能；具有继续学习的能力和适应职业变化的能力；具有创新精神和实践能力、立业创业能力；具有健康的身体和心理；具有基本的欣赏美和创造美的能力。

（四）高等现代职业教育的培养目标

　　第三次工业革命后，科技的发展愈演愈烈，科技浪潮席卷全球，并在 21 世纪带来全球的变革，为了适应时代要求，使得劳动力跟上时代发展，我国加快了高等现代职业教育的发展。我国的高等现代职业教育大体上包括职业大学、职业技术师范学院、职业技术学院及专科学校、部分培养技术型人才的高等专科学校。其培养目标基本上就是高级应用型和工艺型的人才。

1996年，全国现代职业教育会议提出：高职人才的培养目标是培养"实用型、技能型人才，优先满足第一线和农村地区对高等应用型人才的需要"。《教育部关于加强高职高专教育人才培养工作的意见》（教育部〔2000〕2号）提出，高等现代职业教育要培养"拥护党的基本路线，适应生产、建设、管理、服务需要的德智体全面发展的高等技术应用型专业人才。学生应在具有必备的基础知识和专业知识的基础上，重点掌握从事本专业领域实际工作的基本能力和基本技能，具有良好的职业道德和敬业精神"。

二、现代职业教育培养目标的确立

作为教育事业的一部分，现代职业教育既遵循着一般教育的规律，又有着自身独一无二的特点。因此，在确立现代职业教育培养目标的时候，既要从整体教育的现状出发，也要结合现代职业教育的性质及其发展，同时还要联系社会发展现状及经济发展水平。

（一）确立现代职业教育培养目标的基本理论

现代职业教育培养目标的确立需要一定的科学理论支持，以保证其科学化、合理化。目前，对现代职业教育培养目标影响较大的理论分别是终身教育理论、人才结构模型理论及职业分析理论。

1. 终身教育理论

终身教育理论对现代职业教育培养目标有着深远的影响。鉴于第一章已经对终身教育理论有了充分的阐述，因此不再赘述。我们需要知道的是：时代的进步导致社会对于职业技术人员的要求越来越严格，人类生活进步，促进了相关产业技术的更新，为了不在技术更新中处于落后地位，要求技术人才要根据时代要求不断进行自我更新，建立终身学习理念。

2. 人才结构模型理论

社会的进步发展对学生有了新的要求，而社会的分工与人才的结构相联系，社会分工情况的不同导致人才结构的不同，所以，职业目标、培养目标的确立就必须与一定的社会人才结构相适应，包括用以确定现代职业教育层次的人才层次结构和用以确定现代职业教育的专业类别结构。随着时代进步，社会分工不同，人才结构也会出现不同，我们要依据社会分工定期对人才结构进行调整。人才结构模型先后出现过"金字塔"理论、"职业带"人才结构理论和"阶梯状"理论，以下作简单介绍。

（1）"金字塔"理论。"金字塔"理论是传统的人才层次结构理论。这种理论虽然形象直观地体现了生产活动中各类人员的所占比例、地位高低和称谓介绍，但是缺点在于幼稚地认为生产活动中各要素界限分明，甚至没有体现层次之间的协作关系、融合效果，与现实生活大大不符。

（2）"职业带"理论。作为一种可以完整表示各个职位的地位及特点的人才结构理论，职业带理论很好地展示了职位的演变和彼此之间的关系。该理论将职场中的人际关系用图3-1中的职业带加以表示。在这条带状中，各个人才都有与之对应的阴影区域，例如，A 至 B 对应着技术工人区域，C 至 D 和 E 至 F 分别指工程师区域和技术员区域。技术员被称为中间人才，地位居中。但是在现实生活中，工作内容并不能做到与职位一一对应，所以难免有重叠部分存在。图中斜线 A′-D 的左上方和右下方分别代表手工操作机械技能和科学工程理论知识。由图可得，技术工人需要掌握实际操作，工程师主要侧重于掌握理论知识，而技术员需要做到两者兼顾。人才关系需求随着生产技术发展而变化，也可以通过职业带有所展现。工业时代初期,工程师和技术工人的需求占主要需求;20 世纪以来,对理论的要求逐渐提高,工程师的数量也随之提高,为了二者的衔接,技术员也逐渐处于工程师和技术工人之间。同时,该理论带状图又说明了一种情况:三者之间是存在明显界限的,不能混淆,各有分工且分工较为明确。

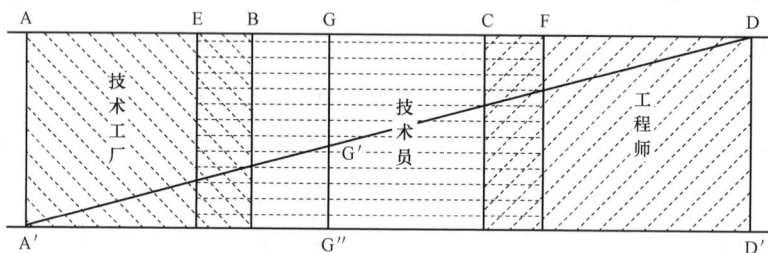

图 3-1 "职业带"理论

（3）"阶梯状"人才结构理论。作为现代社会对于人才的最基本分类的标准,"阶梯状"人才结构理论已成为现代人才分类及分层的主要理论。该理论认为现代的人才分类主要根据人才的实际能力水平、素质高低、能力范围,属于哪种类型的人才就进行相关分类,各个人才之间有所融合,也有其差异性存在。不同性质的工作岗位在不同的时代背景下有不同的人才结构框架,一种类型的人才能力有高低之分,不同类型的人才之间有所融合,这些铸就了总的阶梯状人才结构理论体系。这种结构模型在我们分析分类人才理论框架的过程中起到了一定的作用。我们依据人才在生产生活中的不同作用将人才分为学术型、工程型、技术型和技能型四类的分类方法也是根据这个理论而总结获得的。对现代职业教育而言,它通常是指向工程型、技术型及技能型人才培养的。现代职业教育机构可以根据这样的人才结构模型,考虑人才培养目标的定位,并在全局上为受教育者的终身学习及可持续发展设计可能的通道,最大限度地实现人才的发展,满足时代对于人才的需求。

3. 职业分析理论

职业分析，顾名思义是对于职业要求的知识、技能和学员态度的要求进行分析，将各项工作内容、任务、完成的难度、工作质量标准、对工作者的要求等进行分析，并根据职业分析的结果总结出该职业培养的标准，标准的确立更有利于现代职业教育培养目标的实现。

职业分析主要基于职业岗位进行相关的职业技能分析。只有了解职业岗位的需求和对于相关人才的各方面的技能要求，才能确立该职业的要求标准，便于职业人才的培养。这就克服了现代职业教育的模糊性和随意性，为培养目标及整个教学设计提供准确的依据。

时代的进步也带来了分析方法的进步，主要体现为分析方法的多样化。任务分析表、工作要素法、艾莫门技术、PAQ 职业分析问卷、TTA 入门素质分析等方法的出现，提高了职业分析的准确性和科学性，使教育方法的分析成为科学的职业培训教育方法产生的必不可缺的因素之一。国际劳工组织根据 1958 年的职业分析将职业划分为 8 个大类，83 个小类，248 个细类，1 881 个职业，之后开展了两次修订（1968 年、1988 年），之后制定的《国际标准职业分类》成为各国职业分类的重要参考。我国国家统计局和国家标准局于 1986 年发布了国家标准《职业分类和代码》（GB 6565—86），经过诸多的修改，颁布的职业分类涵盖全面，包括了职业代码、职业描述、行业名称、职业名称、职业活动的环境条件、职业活动的身体素质要求、基础教育程度、现代职业教育程度及职业前途与职业晋升多个方面的内容，为相关的现代职业教育机构提供了现代职业教育的基本方向，成为当代现代职业教育机构的指路灯。

（二）确定现代职业教育培养目标的现实依据

现代职业教育培养目标的确立并不是纸上谈兵，要根据实际情况对已经确定的目标进行纠正、完善，由其现实依据得出与其实际经济水平发展情况相符合的现代职业教育培养目标。在这个过程中，国家相关政策、社会经济产业结构、人才使用等方面的因素都会直接或间接地影响现代职业教育培养目标的确立。

1. 教育法律法规与政策

政治是社会经济的集中体现，教育的发展不能与社会政治关系相脱节，不符合教育法律法规政策的教育方式只能在错误的基础上畸形发展，不利于学生的思想道德建设，所以，现代职业教育培养目标的确立要依据法律法规。目前，与现代职业教育有关的有影响的主要法律有《中华人民共和国宪法》《中华人民共和国教育法》《中华人民共和国职业教育法》《中华人民共和国就业促进法》《中华人民共和国民办教育促进法》等。

《中华人民共和国教育法》规定："教育必须为社会主义现代化建设服务、为人民服务，必须与生产劳动和社会实践相结合，培养德、智、体、美、劳全面发展的社会主义建设者和接班人。"在这一提法中，对人才素质的培养规格的要求除了德、智、体等方面全面发展外，还强调了对人才培养的方向是"社会主义事业的建设者和接班人"。这个教育目的已经成为全国必须遵循的法律要求。

国家实行劳动者在就业前或上岗前接受必要的现代职业教育的制度，即在其真正进入社会发展领域阶段之前，对于其自身的道德水平进行筛选把关，防止素质低下者进入社会并对社会公众造成伤害的情况发生，充分体现了教育中涉及法律法规的重要性。

2. 社会经济形态及产业结构发展的需要

现代职业教育的发展与社会生产力、经济发展密不可分，主要体现在社会对于劳动力的需求决定了现代职业教育的培养方向，这就从另一方面体现了社会经济形态和产业结构对于现代职业教育发展的重要性。

首先，社会经济形态的拓展对于现代职业教育发展的意义在于对学生创业能力和竞争意识的培养。改革开放后，我国经济结构框架发生了很大的变化，由之前的国有经济发展成了现在公有制经济、民营经济、开放经济和劳务经济共同存在的局面。这就改变了之前包分配的现象，使得人们竞争意识加强，更加意识到现代职业教育的重要性。

其次，随时代调整的社会产业结构决定了职业培养的方向性。我国产业结构正在发生根本性转变，单纯依靠劳动力的传统行业中对人力的需要逐渐被机器替代，而对于知识型、技术型人才的需求越来越大，就算是传统产业，也已经不仅局限于对人才能做什么有所要求，而是关注人才可以做什么，会做什么，怎么做更简便。这就直接决定职业培养对人才有了多方面的要求，致力于培养出全方面适应社会的全能型人才。这对直接面向社会生产第一线培养中、高级技术应用型人才的各级各类职业学校人才培养目标的确定产生了直接的影响。

最后，因为互联网的发展，越来越多的企业向国外发展，这就在人才的需求上加入了"国际范"，也就是说不能仅仅局限于国内的发展，而更应该趋向于国际的发展。随着社会经济发展全球化趋势的加快，现代企业都不愿意放弃国际上更强大的市场，大量的跨国公司进入我国，带来尖端技术的同时也造成了人才紧缺的局面，这为我国现代职业教育带来发展的机遇，现代职业教育开始向国际范围拓展，当然也对现代职业教育人才的培养目标、规格等提出了更高的要求，进而在一定程度上影响着各级各类现代职业教育培养目标的制定。

3. 学生发展的需要

教育的主体应该是学生，现代职业教育更是如此，要从受教育者自身出发，不能急于求成，教育的成功与否不在于教育出多少人才，而是教育出的人才有多高的水平与能力。当代许多教育机构过于追求教育的数量，却忽视了教育的质量，这就要求我们在确定现代职业教育目标的现实意义时发现其对于学生发展的需要，而不是仅限于教师的教学进程，要对学生的未来乃至毕业后的工作方面进行素质上的培养和深化，既要满足学生眼前的就业需要，也要着眼于学生今后人生完美发展的需要。

三、现代职业教育培养目标的素质结构

现代职业教育培养目标的基本内容主要涵盖"知、技、意"三个方面。"知"，意味知识的要求，指现代职业教育过程中对受教育者的知识素质要求。"技"，指对于受教育者专业技术能力素质方面的要求。"意"，指受教育者对该阶段教育的领悟及受教育者对于知识和技能的自我延伸上的技能。这三个方面构成了现代职业教育培养目标的整体，各层次、各类型的现代职业教育培养目标正是通过这些方面的不同要求体现出来的。本节将对这三个方面的素质结构做简单介绍。

（一）职业知识素质层面

职业知识素质层面是对受教育者实际知识的一种提升，主要在于拓宽受教育者的知识面，使其对于自己所学内容有一个形象的、大概的了解。它是现代职业教育培养目标的素质结构中最为基础的部分，主要分为科学文化知识和专业技术知识。

1. 科学文化知识

科学文化知识涉及的学科门类很多，包括人文、社会科学基础知识，自然科学基础知识及方法论知识，但这些知识具有了解和掌握两部分，与专业相关的需要进行掌握，与专业无关的只需了解即可。完整的科学知识有利于学生建立良好的科学素养。

人文、社会科学知识包括哲学、政治学、经济学、法学、历史、文学、艺术等学科的知识。它们是学生能否形成积极向上的思想道德领悟和政治思想的重要保证。

自然科学基础知识主要是指数学、物理、化学、生物等基础学科的基本概念和基本事实。我国在这方面的技术力量较为薄弱，因此，自然科学基础知识的学习成了学生日常学习的重心，学校要引导学生自主思考，便于学生建立自己的思维方式。这些知识也有利于满足后期大部分产业对于人才的需要，是现阶段我国现代职业教育的重中之重。

2. 专业技术知识

一般认为，科学是回答是什么和为什么的知识，重点在于对自然的规律和现象进行深层次探索；而专业技术则是回答做什么和怎么做的知识，将书本上的自然科技运用到人的发展中去，更具有实用性、定向性，是连接着科学和生产的桥梁。专业技术知识按其内在逻辑关系主要分为两个层次：一是注重理论知识教育的专业知识领域；二是为适应某类职业岗位群的职业能力的要求而必须具备的专门知识领域。后者比前者更具有针对性，前者是为了学生毕业时获得一定的能力，而后者是为了提升学生毕业时的就业率。

（二）职业能力素质层面

能力是指顺利完成某项任务的心理特征，是个体从事一定社会实践活动的本领，它是在合理的知识结构的基础上形成的，是多种因素的综合。合理的能力结构是从事职业、适应社会、寻求发展的基本而关键的条件。它包括以下三个方面的内容。

1. 专业能力

专业能力是在指专业领域内从事生产、经营、服务等职业活动所需要的能力，作为知识和技能的综合，它在整个能力结构中处于核心地位，直接决定了受教育者能否顺利就业，找到适宜的工作。近年来，一些职业学校开始实行"双证书"制度，双证书一方面是指学生完成了基础知识的教育后的毕业证书，另一方面是指其取得了一定的相关专业知识的证书。这些做法对于提高毕业生的技能水平，促进能力训练的规范化，提升学生能力，提高就业率都具有正面作用。

2. 社会能力

与专业能力不同的地方在于，社会能力不能仅从书本上学习获得，更多的是在日常生活中、社团活动中获得。社会能力具体体现在受教育者的社会交际能力，涉及其人际关系的同时也考验对方待人处事的态度。而这些东西是书本上无法完全习得的，甚至老师都不能给予正确的学习方法，只能在日常生活中、人际交流中加以深化，从而获得学习的成功、人际关系的突破。良好的人际关系的建立有利于学生在日常的工作生活中和团队的合作中取得成功，获得他人的帮助，将集体的力量发挥到最大。

3. 方法能力

方法能力是一种发展能力，是包括科学的思维模式和基本技能在内的职业技能，往往在工作方法和工作能力中有所体现。科学的思维模式并不是通过单纯的理论方法就可以得到的，而是需要融入生活工作实践和其他知识，由此形成科学的解决问题的思路。而基本技能是鉴别一个受过专业现代职业教育的人能不能适应当今社会职业生活需要的标准，它是当代工作者发展再接受能力所必需的。作为方法能力的基础，它涵盖了阅读技能、写作技能、计算机操作技能等多个方面，其中最应该被强调却又最易被人忽视的是阅读技能。现代社会知识如潮水一般涌向人们，能否科学地对知识进行筛选，得出有用的部分，与是否有科学合理的阅读技能息息相关。科学的阅读方法有很多，其中最有效的是精读和泛读的合理配合。此外，还应掌握文献查阅的方法，善于利用各种索引、书目、文献、提要等。

（三）职业心理素质层面

职业心理素质是一个人顺利完成其所从事的特定职业所必须具备的心理品质，具体可分为职业动机、职业效能感、职业道德感、职业价值观、职业理想与追求五个维度。

1. 职业动机

职业动机在职业生涯中发挥着重大作用。职业动机指选取这个职业的理由、目的，它常常决定了毕业生能否长期坚守在这个职业岗位，近年来也成为企业选取毕业生的一个标准。往往希望毕业生对于职业的选取是出于对该职业的爱好和兴趣，这样有利于毕业生在就业过程中获得满足感和成就感。如果没有任何喜欢就贸然选取这个职业，只会导致在工作过程中感到疲惫不堪，最终离开。

2. 职业效能感

职业效能感是一种自信心的体现，是毕业生根据自我评估来确定这个职业对自己的吸引力，以及自己在这个行业中遇到问题时自我退缩的可能，由此判断自己对于该职业的心理承受能力，这也是当代对毕业生职业心理素质层面的一个要求。

3. 职业道德感

职业道德感主要是指个体对职业道德标准的认识和体验，包括职业的荣誉感、幸福感、义务感、责任感等。其中，职业道德义务感和责任感在职业生涯中有着引导作用。毕业生需要对自己的职业有一定的责任感，社会中职业的类型有所不同，不同的人对此也有不同的理解。对于某一职业，有的人瞧不起，有的人羡慕，而处于该职业的个人就要有一个正确的判断，对于自己的行为有社会责任感，这样有利于毕业生在遇到瓶颈时保持一定的积极向上的心态，秉承着对团队的责任心将之进行下去，这有利于毕业生自身能力的提升，也逐渐成为企业选拔的一个标准。

4. 职业价值观

作为个体价值观在职业选择上的体现，职业价值观往往表现了一个人对于某种职业的愿望、喜爱和期待。这种职业的选择一般经过三个层次，首先是对于这个职业的基本分析，对这个职业的工作内容、工作方式、工作内涵有一个基本了解；其次是对于这个职业的未来走向、工作的持续性有个大概理解，由此对于自己能否在这个职业上有所成就，有怎样的成就，有一个基本判断；最后是对这个职业进行选择。这就要求我们在职业心理素质教育与培养过程中，正确引导学生对自己未来的职业正确评价，了解职业中的苦与乐，有一个正确的职业价值观，尊重每一份职业。

5. 职业理想与追求

职业理想与追求主要是指个体对将来所从事职业的前途与目标的追求与设计，主要体现为毕业生对职业的憧憬和规划，希望通过职业中的奋斗取得相应的报酬，进而实现自己的人生价值和知识领悟，甚至在思想层面也有进一步提升；而个体的进步推动社会的进步，有利于国家的发展，职业理想与追求对于个体而言是实现自己人生目标的重大保证，将个体的想法提升到一个新的档次，有利于激发个体的奋斗热情，从而获得人生的成功。

四、现代职业教育培养目标的实现

现代职业教育培养目标的实现不是一步就可以完成的，需要通过多个环节逐步完成，而这些环节中，最需要我们注意的主要有三个：一是现代职业教育的办学理念；二是现代职业教育的课程设计；三是现代职业教育的教学模式。把握住了这三个关键环节，同时考虑到外部环境与政策因素，才能准确找出实现现代职业教育培养目标的措施。

（一）实现现代职业教育培养目标的关键环节

现代职业教育在实现自己的人才培养目标时要关注国际经济环境的挑战、政府的主导作用、社会（企业、行业及家长）对人才培养目标的期望和满意度，这些外部的压力作用于现代职业教育的人才培养活动，推动着现代职业教育的不断发展。

1. 现代职业教育的办学理念

过去，我国将现代职业教育当作是一项社会公共事业来办，这就形成了现代职业教育的政府性、公益性和无偿性特色。现代职业教育的政府性主要表现为由政府投资，由政府计划与管理；公益性主要表现为解决国有企业的人才缺额问题，解决适龄人口的就业问题；无偿性主要表现为对受教育者实行的是义务教育制度，受教育者无须支付任何教育成本。这种理念导致我国对于学生的需求不多，恰好适用于企业的发展。这种理念下国家对于受教育个人实行包分配的制度，就业问题由国家负责。

现在，我国已明确将现代职业教育归入第三产业，而市场经济的发展及劳动力市场的确立，使得现代职业教育具备了完全的市场属性。因此，现代职业教育必须将面向政府办学的理念转为面向市场办学的理念；将居高临下施教于受教育者的理念转变为向受教育者提供教育服务的理念；将教育重点落在终结性教育评估的理念转变为将教育重点放在整个教育过程的理念。这样，现代职业教育培养目标的实现就会从根本上得到保证。

2. 现代职业教育的课程设计

由于我国的现代职业教育并不是源于工业化进程的自然需要，因此，在相当长的一段时期内，从政府到民众都将其作为普通国民教育的一种附属、一种补充。除此之外，在许多人高喊着增强对现代职业教育的重视的同时，却不断地将现代职业教育向普通教育推近，削弱其特殊性，这就导致国家的现代职业教育与社会发展中的实际需求相脱节，矛盾也日益明显。

我国现代职业教育课程体系中教学课程设计的缺陷在高等教育中体现得很明显，而这种教育缺陷不仅体现为课程的缺乏，更体现为许多专业技能的课程无法展开，许多特殊的技能知识也不能在高等教育中有所体现。不过，幸运的是，专业技能的补充完善工作正在如火如荼地进行着，许多高校希望通过其他训练基地的建立、专业知识的补充、实习的深化等方式来提升学生的专业知识技能及专业水平。

3. 现代职业教育的教学模式

教学模式是指在固定的教学理念下，根据受教育者的受教育程度寻找出最适宜的教育方式，以此提高教育效率，以利于知识的传递和表达。

我国的教学模式主要由演绎训练模式和活动模式组成，采用课堂演说和实际操作结合的方式来达到受教育者获得技能的目的，然而现实情况中，真正将实际操作作为教学重点的学校少之又少。这就又一次体现了我国教育制度的一大弊端。首先，理论知识教育得再好，也不如实际操作给人的印象更深刻，受教育者在之后的日常工作生活中主要以实际操作为主，纸上谈兵毫无用处。除此之外，企业主要看重毕业生工作能力的提高，而工作能力、实践操作方法和技巧都只能在实际工作生活中加以训练、提升。

为什么以活动为主的教学方式应当成为主要教学模式呢？主要原因有以下五点：第一，在活动中可以提升学生的自主认知意识，使学生获得自主认知意识；第二，学生的全身心参与可以使之具有独立思考的能力；第三，活动对学生本身的专业知识、基础能力有一定要求，有利于学生完善自身；第四，书本学习是一个人学习的过程，而活动的进行往往是团队的合作，有利于学生培养人际交往能力；第五，当一切都准备好时，会激发学生完成动机的信心，有利于学生能力的提升。在现代职业教育培养目标的达成过程中，这些优势恰恰弥补了其他模式的严重不足。因此，只有将活动课程模式与演绎、训练模式有机地结合起来，并以活动课程模式为主，现代职业教育的培养目标才能全面实现。

（二）实现现代职业教育培养目标的外部环境与政策

1. 经济科技全球化带来的挑战

经济科技全球化进程，要求现代职业教育面向世界，在全球化进程中实现角色定位。当今社会的迅速发展，导致对于人才的要求趋于国际化、世界化，人才的培养不能仅限于一科单门专业的培养，而应该是世界化、多功能人才的培养。对于此时的人才，不能再局限于其现阶段所具有的能力，而更应该去寻找他之后发展的空间，这也是经济科技全球化带来的挑战，要求人才的培养要具有科学性、实践性。同时，知识化、信息化社会的发展，必将更新现代职业教育人才培养的目标和结构。知识经济、知识社会、信息社会，尤其是信息网络化的发展，必将改变人们的生产方式、工作方式、生活方式和人际交往方式，改变人的生存环境，对人的素质提出新的要求，现代职业教育人才培养目标必将随之而进行调整。科学技术的快速发展，也推动了知识领域的不断更新，这就要求人们在一次性学习的基础上，进行后期的不断补充更新，保证学习的全面化、时效性，这也是对现阶段人才自学能力的一种要求，只有真正符合这段时期的需要，现在学习的科学知识在未来才会进行不断延伸，才不会被时代淘汰。

2. 政府对现代职业教育人才培养的导向作用

为满足现代化建设对高层次职业人才的需要，近年来，国家和政府提出了大力发展现代职业教育的战略方针。国家明确提出，正确发挥就业的导向作用，培养学生是为了社会的需要，要将学生能力的提升放在第一位；引导学生在实践中进步，强调实践在学习生活中的重要作用；强调工读结合，确立半工半读的机制，在提升学生自主思考能力的同时，也减轻之后的就业压力；将东部的人员密集地区的就业市场进行充分利用，完善教育机制，给周围高校提供就业导向。这样，政府通过政策的导向作用，积极引导着现代职业教育的人才培养工作，使其目标更为明确，更为具体。

3. 社会期望对现代职业教育人才培养的要求提升

中国现阶段经济政治快速发展，科技迅猛更新，导致人才需求企业对于人才的选取已经不再满足于之前的毕业高潮，有些企业早早入校对学生进行筛选，寻找适合自己的学生。当今的人才市场已由卖方市场转变为买方市场。自 2000 年打破国家包办、面向市场以来，企业在选择学生时也从品牌、质量等方面对学生进行筛选，而学生和家长在选取学校时也开始侧重于学校的教学能力、质量标准等，高职院校不得不提高自身办学水平来吸引学生进入，并对学生的质量进行筛选，从而选择、培养出高质量学子来满足企业对于人才的需求。这要求高等职业院校必须重视市场规则，但又不能完全靠市场。在给学校投资上，政府要借鉴国外先进事例来完成优秀学校的转化，这时的投资已经不是单纯地为一所学校的师资建设等方面投资，而是投资一个民族的未来。现代职业教育要以优质的教育服务、合理的专业结构设置，培养懂业务、有专长、熟悉国际规程、掌握信息技术、善于管理的复合型人才，实现自身和市场的"双赢"。

（三）实现现代职业教育培养目标的措施

1. 强化职业学校内部管理

一所学校的质量能否有所保证，取决于学校的管理制度是否严格把关。因此，要按各学校的培养目标及专业标准、行业标准，成立有法定地位的质量鉴定委员会（印度做法），通过全员质量意识的形成，强化教师责任感，采用科学合理的管理方式来提升教育的水平，搞好教学过程的设计、执行、控制，使得各管理层次有明确的质量管理活动内容，各个部门可以分工合作，一同完成教育的基本内容，之后才可以在其他领域给予学生更大的提升。

2. 要具备合理的专业设置

专业设置体现了学校的专业水平及在社会中的基本服务方向。专业的设置应该具备合理性，应该与市场走向相关联，有利于吸引学生的参与，有利于校方的就业率提升。好的就业率取决于好的就业方向，好的就业方向源于合理的专业设置，合理的专业设置在确定就业的同时，也有利于吸引学生的学习兴趣。

高职教育不能像普通高校的学科专业那样过于强调专业知识的完整性、系统性和逻辑性，它需要强调的是职业岗位工作的针对性、适应性和应用性，是直接关系着受教育者能否直接就业、就业好坏的技术专业。这时的专业设置没必要具有过强的学科理论性，而应该强调其在真正的生产生活中的运用，评估其在企业中是否具有可选择性，以提升就业率为目的，完成人才的分配，切忌发生过于强调科学理论知识而忽视实践内涵的情况。

在市场经济条件下，人力资源日益市场化，职业院校也日益成为国家人力资源开发的基本力量。职业院校的发展在很大程度上取决于其在人力资源开发方面的实力。在新形势下，社会职业岗位无论是数量还是内涵都处于高度的动态变化之中。这就要求现代职业教育在设置专业时，要紧跟市场需要，面向社会职业岗位，既与社会发展保持相同的步调，又要考虑到学生对转岗或岗位内涵变化的适应性，为可持续发展做好准备。现代职业教育主要是为地方经济发展培养人才，考虑实际的就业情况时，我们也要考虑受教育者的实际使用区域，不同的区域因为实际生活情况、地域风俗习惯、地理环境的不同，产业的发展也不尽相同，有的产业发展迅猛，有些产业始终处于低谷期，这时人才的培养要以此为导向，确定人才的输出与企业的输入相适应，保证学有所用。同时，由于时代发展，这种需求也会有所变化，这时，我们就需要对这种变化采取一种理性的态度，辩证地看市场变化，分析这种变化产生的原因，将结果运用到教育中去。同时，要从市场需求出发，依据人才培养目标和培养规格的要求，加强专业设置的应用性，挖掘出新的专业，建立适销对路的专业或专业群。横向上，拓宽专业口径，淡化专业界限；纵向上，延伸专业内涵，改革传统专业，扩大专业服务范围。例如，近几年一些高职的招生目录新录入了一系列像网络营销、现代物流管理、电子商务、财务管理等新的专业名称。这些专业由于应用性强，需求量大，在当今的人才市场上大受欢迎。

3. 要建立实践教学体系

现代职业教育培养的是中、高级技术应用型人才，因此，在教学中更注重学生的知识应用能力，即操作能力的培养。实践在教育体系中不可或缺，但之前的教育中始终没有将其贯彻落实，这就要求在之后的教学中要将其地位深化。在教学形式上，不仅要有一定的理论教学，使学生掌握基本理论与基本知识，而且要有大量的实验、实习、设计等实践教学，培养学生的综合职业能力。在教育实施的参与对象上，既要有校内的专职教师，又要有校外的兼职教师和实习单位的指导教师。在教学手段上，要实现现代化，运用多媒体教育技术迅速、高效地为现代职业教育教学提供各种所需信息，提高教学效率和教学质量，建立具有职业定向的，体现知识、能力、素质相结合的实践教学体系。

4. 创设职业学校校园文化环境

职业院校是培养高技能人才的阵地，构建一个美好的校园环境对于学生的成长发挥着至关重要的作用。一个好的环境会在潜移默化中提高学生的能力和素质，当学生有所懈怠时也会因为周围人的勤奋重新燃起积极向上的动力。

职业院校的校园文化同时也是一种特有的社区文化，它在培养人才上有以下三个特殊的功能。首先是价值观的导向功能，它能为学生树立社会价值观念、活动文化、精神文化、人生价值、审美价值、生活方式、人际交往、行为方式等方面的导向。其次是示范与辐射功能。通过培养品学兼优的学生，引导社会全面健康发展；通过向社会输送优秀技能型人才，推动社会进步；通过学术研究、文化传播、道德责任、精神风貌，对整个社会产生深远影响和广泛辐射。最后是凝聚功能。校园文化具有较强的凝聚力和向心力，可以激发师生的群体意识和主观能动性。在校园文化的作用下，学生、教职工会不自觉地拧成一股绳，为学校、班级的荣誉和形象"心往一处想，劲往一处使"。这种校园文化会逐渐转变成一种动力，鼓舞学生奋发向上、团结勃发，并对他们的言行举止起到一定的规范作用，使他们的责任感、使命感、荣誉感、自豪感、成就感融为一体。职业学校校园文化应着重体现在爱党爱国的政治文化、治学严谨的管理文化、贴近实际的实践文化、言行一致的诚信文化、注重创新的学术文化和甘于奉献的实干文化六个方面。

第二节　现代职业教育的专业设置

现代职业教育主要是根据社会职业的划分与归类而进行的教育，是通过具体的专业教育形式体现出来的。所以，专业的设置就成了现代职业教育的重要内容。在终身教育的影响下，近年来，教育部也十分重视专业的设置，不断对中等现代职业教育、高等现代职业教育的专业设置进行修订。本章主要就现代职业教育专业的内涵、现代职业教育专业设置的依据与原则、现代职业教育专业设置的内容与程序、现代职业教育专业设置的方法与策略进行相应的论述。

一、现代职业教育专业的内涵

（一）专业、现代职业教育专业的概念

专业有广义和狭义之分。广义上的专业是指专门从事的某种学业或职业。狭义上的专业是指教育机构培养专门人才的学业门类，其主要是指按照社会职业分工、学科分类、科学技术和文化发展及经济建设与社会发展的需要分成的学业门类。专业是学校制定培养目标、教学计划，进行招生、教学、毕业生就业等各项工作，以及为社会培养、输送各类人才的依据；也是学生学习，培养自己的特长，为未来职业活动做准备的依据。

为满足社会对各类人才的需求和学生就业需要，我国现代职业教育根据专业划分培养各类人才。现代职业教育一般按照职业或职业群来设置专业。因此，现代职业教育专业的名称大都显示的是某产业的行业技术。从某种程度上来说，现代职业教育的专业可以说是一种行动体系。这种行动体系并非鲁莽的操作、盲目的实践，而是一种知识与技能、理论与实践并重的行动。它更加强调职业性，强调综合职业能力的培养，强调就业的适应性。

至于现代职业教育专业的具体概念，可以界定为：依据现代职业教育的特点，围绕"以职业岗位群或行业为主，兼顾学科分类"的原则而划分的，培养学生具有从事特定职业或行业工作所需的实际技能和知识的学业门类（专门领域）。

（二）现代职业教育专业的分类

现代社会正处在一个分工较为明确的大环境中，因此职业也有着不同

的分类。社会的发展，技术的不断进步，科学的不断更新，导致了职业分工朝着越来越细的方向发展。职业的分工意味着学校的专业要有明确的分类，为了和目前的职业分工相符合，各个职业学校的专业设置要更加细致。在这样的现实情况下，学校教育专业的分类，既适应了职业发展的需要，同时也便于对专业进行管理和研究。从当前来看，现代职业教育的专业分类方式有以下四种。

（1）按三次产业分类。由于专业的发展和社会分工是密不可分的，那么就可以根据产业来划分专业。第一产业的专业为农业服务；第二产业的专业为工业和建筑业服务；第三产业的专业为第一、第二产业以外的产业服务。

（2）按学科层次分类。根据国际上的一般规律，专业可以分为三个层次：第一个层次是学科门类；第二个层次是一级学科；第三个层次是二级学科（学科、专业）。

（3）按行业分类。护士、会计等就是按行业划分的，这样的分类使专业和行业的关系更加紧密。

（4）按技术构成分类。电子工程、机械制造等是按照技术构成分类的。这样，一个专业就相当于一项在生产中独立应用的技术类型。

（三）现代职业教育专业的特点

现代职业教育作为教育中的一种教育类型，其专业具有自身的一些特点。概括而言，以下四个方面的特点最为突出。

1. 职业岗位性

现代职业教育学校所列专业是根据现代职业教育的特点，以职业岗位群或行业为主，兼顾学科分类的原则进行划分的，体现了职业性与学科性的结合，表明了现代职业教育专业划分的特点和原则。很显然，职业岗位性是现代职业教育专业的一个显著特点，这一特点主要表现在以下三个方面。

第一，现代职业教育专业的概念突出地体现了职业岗位性这一特征。

第二，职业的内涵是指一种社会岗位分类，是现代职业教育专业划分的主要依据。

第三，由于社会分工的不断深入，专业的划分和设置也跟随其变化而不断变化。有的专业在不断扩展，朝着更加细致的划分方向发展。

2. 专业性

现代职业教育是专业教育，或专门教育，是培养某一职业领域专业人才的教育，因而具有突出的专业性特征。此外，现代职业教育是为了培养一线的技术人员、管理人员、技术工人、新型农民及其他劳动者，与一线职业的对口性很强，偏重理论的应用、实践技能和实际工作能力的培养。

3. 应用性

现代职业教育属于应用性教育，需要为社会经济发展培养大量的应用型人才。因此，现代职业教育所设置的专业必然具有显著的应用性，要真正能够促使职业学校培养在企事业生产、建设、服务、管理一线从事实践操作的应用型的专门人才。

4. 区域性

现代职业教育很多时候是为区域办教育或者依靠区域来办教育。为区域办教育，主要是说为了特定区域的社会经济发展而开展现代职业教育。社会与教育的互动发展表明，区域社会、经济、政治、文化的发展和区域教育的联系越来越紧密，所以，教育的区域功能越来越重要。现代职业教育的区域经济功能已经成为推动现代职业教育发展的根本动力。当然，现代职业教育也主动地承担起了推动经济发展的重任，力求培养出更多技能型人才。因此，大部分职业学校都在努力根据本地区经济社会发展状况和产业结构变化的趋势，针对岗位需求状况和就业状况，把专业建设成为基础条件好、特色鲜明、办学水平和就业率高的品牌专业、特色专业。从这一点来看，现代职业教育专业必然会带有区域性特征。这一特征要求现代职业教育要灵活调整和设置专业。

二、现代职业教育专业设置的依据与原则

专业设置就是职业学校新建与开设专业，或者是变更或取消专业。如此看来，专业设置包括了专业的新设与调整。专业设置是人才培养的重要环节，是现代职业教育为地方经济提供服务的重要接口，它也关系到能否更好地满足学生的就业需求。所以，现代职业教育的专业设置必须在一定依据与原则下进行，以免偏离轨道，不能发挥其实际作用。

（一）现代职业教育专业设置的依据

现代职业教育专业设置的依据主要包括以下五个方面。

1. 社会职业的分类和发展

社会职业的分类和发展是现代职业教育专业设置的首要依据。社会职业千差万别，所需的人才也是多种多样。不同的专门人才培养只能由不同的专业来实现。但现代职业教育的专业不等同于职业，即专业设置不是与社会职业一一对应的，但专业又与社会职业的分工有着非常紧密的联系。

社会经济的发展引领社会职业的发展，从而推动专业设置的变化和发展。社会经济的发展必然会引起社会经济结构，诸如产业结构、部门结构、行业结构、企业结构、产品结构等多种结构的变化，从而导致社会职业结构对各类专门人才需求结构的变化。因此，由社会职业的变化与发展所引起的专业设置的变化，绝不只是表现在专业设置的总量上，同时还表现在专业设置的种类和结构上；而社会经济发展所导致的社会职业内涵的发展又必然引发专业培养目标、专业设置口径等的变化。随着科学

技术在社会生产中的应用及由此引发的生产、服务、经营方式和劳动组织的变化，社会职业也处于不断的变化之中，旧职业逐渐消失，新职业不断产生。

现代职业教育专业设置必须适应社会职业发展的需要，当社会职业发生变化，如职业要求改变，新职业出现，专业设置就应当随之进行调整。当然，社会职业始终处于动态变化之中，专业设置与社会职业之间的适应也只能是相对的，并且合理设置专业也可以对社会职业的分化和发展产生积极的影响。

2. 现代职业教育的培养目标

培养目标是人才培养的总原则和总方向，是开展各种教育教学活动的基本依据。现代职业教育的培养目标往往关系着职业院校将要培养什么样人才的问题，即人才的规格问题，它在一定意义上决定了现代职业教育其他方面工作的开展，现代职业教育的专业设置自然也不例外。所以，现代职业教育的专业设置要将培养目标作为一个重要的依据。

3. 区域经济和社会发展对人才的需求

前文已经提到，现代职业教育具有区域性的特征，其专业设置要适应当地经济建设和社会发展的需要，要为当地经济建设和社会发展服务。所以，现代职业教育在进行专业设置时，也要将区域经济和社会发展对人才的需求作为一个重要依据，要充分考虑到各地产业结构的实际情况，与当地的产业结构相适应，切实做好对本地区产业结构和就业结构的分析工作。此外，还应有力地促进地方产业的升级与发展，赢得地方政府和经济界的大力支持，为毕业生的就业提供保障。

4. 职业学校的教育资源

教育资源就是一切可以为教育活动利用的条件和因素的总和，它包括学校内和学校所处地区的资源两个部分。学校内资源主要是指相关专业的师资条件水平、教学设施设备、教材、实习实训基地等。它是现代职业教育专业设置的基础，是实施专业培养计划、实现培养目标的前提，它影响着专业建设的水平和质量。如果不顾学校自身的条件盲目地设置所谓的热门专业，不仅难以实现培养目标，无法形成办学特色，而且会影响到专业发展的生命力，使学校办学陷入困境，造成现代职业教育资源的闲置浪费。因此，专业的设置需要根据一定的教育资源来进行。

此外，现代职业教育不同于普通教育，需要与行业企业密切合作，合理利用学校所处地区的教育资源等社会资源，拓宽渠道，使学校的内外部资源有效结合。因此，现代职业教育的专业设置不仅要依据学校自身已有的教育资源，还应当依据学校所处的地域所具有的教育资源。

5. 受教育者的身心发展水平

任何一种教育都有一个共同的目标，即培养人。当前阶段下，现代职业教育需要培养身心全面自由发展的人才。所以，现代职业教育的专业设置也要以学生的身心发展水平、特点及规律为依据，以受教育者身心全面发展为目标，同时还要使学生掌握一技之长。学生是教育的主要对象，他们个人的兴趣、能力和期望对专业发展有着重要影响，其选择意愿一定程度上是对专业设置的间接干预，因此，要注重受教育者的身心发展水平，满足他们多样化的需求。

（二）现代职业教育专业设置的原则

现代职业教育专业设置的原则就是在一定理论指导或在实践经验基础上形成的现代职业教育专业设置中必须遵循的准则。现代职业教育专业设置一般应遵循以下八个原则。

1. 科学性原则

科学性是衡量一切事物的最高准则。现代职业教育专业设置的科学性原则具体体现在以下三个方面。

第一，专业设置的指导思想要正确。专业设置是为了满足社会的发展需求和个人的成才愿望，是要为社会培养全面发展的高素质人才。只有确立了正确的指导思想，在专业设置过程中才不会被短期利益、局部利益所迷惑，才不会违背客观规律，造成专业设置的盲目性。

第二，专业划分要科学，名称要规范，内涵要明确。专业划分必须符合国家职业分类的有关标准，突破以往一个行业一个类别的分类模式，依据某类职业所要求的素质和职业能力进行划分。专业命名必须准确反映专业培养内涵，既要准确反映专业培养目标和业务范围，明确人才培养规格，又要有保证培养目标实现的课程体系；既要适当扩大职业涵盖范围，使毕业生有广泛的适应性，又要适宜在职业学校学制内完成。

第三，专业设置的操作过程要科学。从专业的规划、实施、管理到教学，每个环节的进行都要做到有据可依，符合教育教学规律。

2. 统筹性原则

现代职业教育中的专业设置不仅是各个学校的个别行为，还是一种社会行为，因此，合理设置专业离不开政府的宏观统筹与指导。政府要在对劳动力市场需求进行科学预测的基础上，通过向职业学校发布信息，指导职业学校的专业设置，并建立严格、规范、有序的管理体系，对一定区域内各职业学校的专业设置进行宏观统筹与调控，使职业学校的专业整体结构科学合理。这就是专业设置的统筹性原则。

在政府的宏观统筹下科学地设置专业，能够减少盲目性，提高有效性。所以，各学校在设置专业时，要按照国家统一的专业目录选择自己所设的专业和规范各专业的教学行为；要根据自身性质、特点和发展方向，按照国家计划设置相应的专业，并严格履行审批手续。此外，学校还要特别慎重地对待与周围学校相同或相似的专业，避免出现专业设置一哄而起、一哄而散的现象，避免恶性竞争，从而减少人才积压和教育资源的浪费。

3. 按需设置原则

一个专业要得到自身的生存空间，首先应当明确它是社会所需要的。唯有在这个前提下被设置，才是可行的、有效的。因此，职业学校的专业设置要遵循按需设置原则。它是指职业学校在设置专业时要遵循市场经济的运行机制，要充分考虑经济建设和社会发展的需求，以使所设置的专业真正服务于社会经济发展。这一原则具体表现在设置什么专业、招收多少学生、学习哪些内容等多方面。

要具体贯彻按需设置原则，职业院校应当多注意以下三点。

第一，贴近经济，各专业的生存能力、生存时间都要受市场支配。所以，职业学校所设置的专业类型要与经济部门产业的需求相适应，要能够真正服务于经济部门的产业结构变化。

第二，在科学技术不断发展的今天，企业的业务活动中对劳动者素质结构的要求也是在不断变化的，这就需要职业学校的专业能够相应调整，以便培养出需要的人才。所以，职业学校在设置专业时，还应注意专业内容要能够满足生产技术发展的需要。

第三，就业市场往往决定了职业学校在每个专业上需要招多少学生。此外，职业学校学生也总是通过劳动力市场中的供求双向选择来实现就业。所以，职业学校的专业设置、办学质量和供需平衡都要通过就业市场来检验。这就要求职业学校在专业的招生数量方面要充分重视社会的需求。如果社会并不需要太多某个专业的人才，那么学校就要控制这一专业的招生人数。

4. 发展性原则

随着经济社会的不断发展，人们已不再可能终生固守于一个职业了。转换岗位、转换职业的能力成为新时代人们必备的能力之一，这就要求现代职业教育的专业设置要体现发展性。遵循发展性原则，就是要立足于学校的可持续发展，立足于学生的可持续发展，立足于专业自身的可持续发展。

首先，为了学校教育资源的统筹调配和最大效益的获得，学校的专业设置要服务于学校的整体利益，遵循学校的综合发展规划。

其次，现代职业教育的专业设置，不仅要使学生具备单一专业的知识与技能，更要为学生今后的职业生涯发展打下坚实的基础，要为学生的持续发展提供条件。

最后，专业自身要具备自我调节、自我发展、自我更新的能力，以适应市场经济条件下招生、就业市场和职业环境的剧烈变化。

5. 特色性原则

特色性原则就是指职业学校在设置专业时应综合考虑自身的优势与长处，力求抓住自身在专业类型、目标定位、学生素质等方面的独特之处，设置出有鲜明特色的专业。

专业的特色往往反映着学校的特色。职业学校要想突出自己的特色，完全可以从专业的设置方面下手去实现。在设置专业时，贯彻特色性原则，职业学校一般应注意以下三点。

第一，在设置专业之前，首先要明确本校优势所在，同时，全面了解社会对人才的需求趋势，以及同类学校专业设置的实际情况，以便寻求特色，做到本校独有。

第二，在设置专业的过程中要大胆创新，走自己的路。当然，并不是盲目地走，要在充分考虑社会需求的前提下，设置其他学校没有的专业。

第三，在设置新专业时，要充分依据学校专业发展规划，在突出特色的同时，考虑其是否具有实现的可能性，学校各个方面的条件和能力是否足以支撑这一专业的实施。

6. 适度超前原则

教育对社会需求的反映一般滞后于现实社会，所以，要满足社会的需求，克服教育的滞后性，教育要适度超前发展。反映在专业设置上，就是要求职业学校必须遵循适度超前原则，主要是指要注意现代产业发展趋势，用超前的意识、发展的眼光，预测行业科技发展的趋势，开设具有超前性的专业。

贯彻适度超前原则，职业学校可注意以下两点。

第一，专业设置要面向未来。充分估计今后的发展趋势，不仅要强调改造、更新旧的产业，还要注意设置新兴专业，传授人类的先进思想、先进技术，以迎接新技术革命的挑战。

第二，对人才进行预测。人才预测是确定专业设置的基础工作。人才培养有其内在的周期性，一般分为新生期、成长期、成熟期、衰退期。通过人才预测，我们可以了解职业学校培养的各种专门人才的数量、比例及其对目前社会需要的满足状况，从而摸清专业结构的现状，力争做到专业的成熟期与人才需求的高峰期相一致。

7. 开放性原则

我国经济发展和劳动力资源分布很不平衡。经济发达地区由于经济发展较快，所需劳动力较多，劳动力资源相对不足，而经济欠发达地区则明显劳动力过剩。在这种形势下，经济欠发达地区的职业学校在设置专业时，既要考虑为当地经济发展服务，又要适当考虑劳务输出，以促进劳动力的跨地区有序流动。

此外，在当前全球一体化趋势日益明显的大背景下，职业学校更要具有全球化眼光，在设置专业时，要注重借鉴国外的先进经验，促进我国现代职业教育早日走向世界。

8. 稳中求活原则

职业学校设置专业必须处理好稳定性与灵活性的关系。社会需求稳定、需要人才数量较多、就业面宽广、培养难度大、周期长的专业，应该追求稳定，提高质量，扩大影响。相反，则应追求灵活，适时调整，满足需要。

任何专业的设立与完善，都要做大量的工作，都需要一定的投资和时间。因此，对具有长远发展前途的专业，一经开办就不要因某种利益的驱使而取消。只有相对稳定，学校才可能在师资、设备、实训基地建设等方面有较大投入。相对稳定的专业能不断积累经验，提高建设水平，创出特色和名牌。考虑到专业体系必须具有自我调节的机制，能够对不断变化的情况随时作出反应，专业设置也必须考虑灵活性。灵活性包含三层意思：一是根据社会需要及时开发新专业；二是推迟学生的专业定向；三是给予学生更多转换专业的机会。

贯彻稳中求活原则时，职业学校应注意以下三点。

第一，要始终有自己的"拳头"专业。一所学校要根据自身优势，投入人力和物力，办好几个具有相对稳定市场需求的专业，提高学校知名度。

第二，要灵活适应市场变化，把握就业热点，根据社会需要及时创办新专业或改造旧专业。

第三，要提高文化基础和专业基础课程的教学质量。社会职业的发展、变化、进步都是建立在原职业基础上的。它们具有共同的理论知识基础和一般要求，因此，掌握扎实的专业理论知识，了解专业的一般原理和规律，在实践中才能举一反三、融会贯通、灵活应用，才能在社会职业发展的过程中迅速地吸收新知识、新技术，跟上社会职业前进的步伐。

三、现代职业教育专业设置的内容与程序

（一）现代职业教育专业设置的内容

1. 专业培养目标的制定

专业培养目标是体现专业与职业贴近程度及专业人才培养特色的重要标志。而现代职业教育与普通教育最大的区别就在其专业培养目标的不同，现代职业教育的目的是培养技术技能型人才，主要体现在其专业培养目标与培养规格上。专业的培养目标规定学生在知识、技能、态度、能力等方面应当达到的水平和层次，它是制订专业教学计划、进行课程设置、组织各种教学环节的基本依据，也是评价现代职业教育专业人才培养质量的重要指标。因此，在现代职业教育专业设置中，必须将专业培养目标的制定作为一个重要内容。专业培养目标应当体现专业共性与个性的统一，必须明确规定专业的业务性质与业务范围。

2. 专业课程的设置

现代职业教育专业课程设置决定了相关专业学生的知识、情感、态度等基本素质的培养，因而专业课程设置是现代职业教育专业设置的重要内容。专业课程设置应当将现代职业教育专业培养目标作为基本依据，力求课程设置的科学性。此外，职业分析也对课程设置有着直接的影响，因此，在专业课程设置时要进行职业分析，分析出的职业知识、技能、能力要体现在课程设置之中。例如，在现代职业教育中，要增加实训课等实用性强的课程，要与职业资格考核要求相结合。

3. 教育资源的配置

职业学校要办好一个专业，培养出高层次、高质量的学生，在设置专业时还要配置专业所必需的图书资料、实验设备、双师型教师、校内外实训基地等，它们是现代职业教育进行专业设置和建设的重要教育资源。为了保障学校的专业设置，就必须将教育资源的配置作为专业设置的一个重要内容来看待。

（二）现代职业教育专业设置的程序

1. 开展社会调研

现代职业教育的专业设置必须从开展社会调研开始。在进行社会调研时，要注意调研内容的丰富性、调研渠道的多样化和调研方式的多样化。

（1）调研内容的丰富性。开展社会调研必须注意内容的涵盖面要广，以便获得的人才需求信息真实可靠。职业学校专业设置初期，需要调研的内容既有宏观方面的内容，又有微观方面的内容。

1）宏观内容主要指政策环境、区域经济、科技、社会发展等。职业学校在设置专业时，要了解相关专业在一定区域范围内的社会、政治、经济、教育等方面的宏观发展情况。例如，在政治方面，要注意区域的宏观经济政策、就业政策、职教政策等；在经济方面，要注意区域的产业结构、就业人员比例、行业的发展趋势、就业前景等；在教育方面，要注意区域范围内具有开设相关专业的学校数量分布及设施、师资配置等。

2）微观内容主要指区域市场的发展与需求状况、毕业生的反馈等。区域市场的发展与需求状况主要指某职业群当前就业人数、需求人数、近期（3~5 年）预计需求人数；某职业群中各职业当前就业人数、来源及需求人数；当前社会急需职业及所需人员层次、职位等。此外，微观方面的内容还包括相关专业的毕业生就业情况及对相关专业需求的评价和反馈、毕业生择业的意愿和选择等。

（2）社会调研渠道的多样化。社会调研要注意全方位挖掘渠道来获取信息。

首先，可以通过人才市场、行业企业调查、网络招聘广告、校企"双洽会"等渠道获取市场需求信息。

其次，可以通过学校招生就业办公室来了解毕业生的来源和去向。学校也可以邀请行业企业技术专家、人力资源部门、学生、家长等进行人才需求座谈会。

再次，可以通过对在企业兼职或外聘的教师和实习实训的学生进行调研，了解市场需求信息。

最后，可以通过对地方教育部门和劳动部门的调研，把握政府在人才需求方面的宏观调控方向。

（3）调研方式的多样化。社会调查的方式要具有多样性，可以采用文献搜集、访谈（面谈、电话、网络）调查、问卷（纸质、网络）调查等多种方式。

2. 进行职业分析与专业设计

（1）进行职业分析。虽然专业与职业并不相同，但现代职业教育的专业和职业有着密切的联系，一个专业的形成基本上是在职业分析的基础上进行的。因此，现代职业教育的专业设置在社会调研之后就应当进行职业分析。职业分析的内容具体包括三点：首先，对社会职业的工作性质、内容进行层次分析，对从事这一社会职业的人员应具备的职业能力进行层次分析；其次，确定该社会职业所应包含的专业知识、主要操作技能及行为方式的内容和范围；最后，确定知识技能要点。

在职业分析的基础上，可对各职业的共同点进行提炼，将具有共同的文化基础要求、共同的专业基础、相近的技能点和共同组织教学的可行性的职业进行职业归并，最终确定集群职业能力要求。

接下来，按照现代职业教育规律和原则对确定的集群职业能力进行分析概括，从而实现社会职业向现代职业教育专业的转换。向现代职业教育专业转换可按照横向分组的方法进行，也可以按照纵向分层的方法进行。横向分组主要是指通过对社会职业的工作分析，确定职业群中相邻职业的业务范围、内容及职业方向和重点，从而确定专业范围。纵向分层是指确定职业群共同的文化教育起点、专业基础知识和基本操作技能，从而确定该专业的主要学科。在转换之后就可根据技术领域或学科领域的划分导出现代职业教育的专业。最后，按照专业目录的相关规范要求为专业命名。

（2）确定专业培养目标。在职业分析的基础上，可进行现代职业教育专业培养目标的确定。现代职业教育专业培养目标的确定要按照教育的内外部规律进行，一方面，要体现社会与经济对职业知识与技能的需求；另一方面，还要结合学生个体的身心发展需求进行确定。

一般来说，专业培养目标应当具有三个层次的内涵：第一，要设定培养方向，即专业培养人才所对应的职业门类；第二，确定使用规格，即同类专业中不同的人才在未来使用上的规格差异；第三，具有一定的规格要求，也是较为细节的部分，即同一培养方向、同一使用规格，人才在知识、技能、态度等方面的具体要求。

（3）规定修业年限。中等职业学校的修业年限基本为 3 年，特殊为 4 年；高等职业学校的修业年限一般为 3 年。

（4）选择和组织课程内容。在进行职业分析和确立专业培养目标后，应依据职业能力、技能、知识和专业培养目标来选择和组织课程内容，形成一整套相应的系统和结构，最终产生课程培养方案，包括教学计划、教学大纲、教材、教学方法等。需要注意的是，课程内容的组织要兼顾社会需求、学科体系、学生身心发展等方面的情况。

3. 专家评审

专业设置是一项非常谨慎而严肃的事情，结构是否科学，布局是否合理，往往对现代职业教育的发展和一个地区经济的兴衰有着直接的影响。因此，要进行专家评审。

教育行政部门应当组织行业、企业、教学、课程等方面的专家对专业设置方案的科学性、可行性等进行评审和论证。在评审的过程中，既要对专业设置的合理性进行评审，看所设置的专业在宏观布局上是否合理，是否能够满足社会的需要，同时还要对专业设置的可行性进行评审，看学校是否有一定的教育资源来完成该专业人才的培养任务。很显然，合理性与可行性是专业设置过程中不可或缺的两个重要方面。合理性是专业设置的前提和依据，可行性是专业设置的基础和保证。如果某一专业仅是满足社会需要，而学校通过努力也不具备设置的条件和能力，即使勉强设置，也会因达不到培养质量而被社会所否定。同样的道理，尽管学校在条件和能力方面达到了一定的标准，可以办好某一专业，但如果社会并不需要，那么即使设置了，最后也还是会被社会淘汰掉。所以，评审专业时，要同时考虑专业的合理性和可行性。

4. 报教育行政部门审批

教育行政部门在组织专家评审的基础上，要依据专家的意见，对职业学校的专业设置方案进行审核，作出批准或者不批准的决定，并要正式通知学校。

报教育行政部门审批，是加强专业设置宏观管理的一项措施，是教育部门对职业学校和对社会高度负责所应尽的责任。当然，在市场经济条件下，学校办学自主权进一步提高，专业设置与调整有了更多的主动权、自主权，教育行政部门对职业学校专业设置的管理主要在于引导与调控，但这种管理还是十分必要的。

四、现代职业教育专业设置的方法与策略

（一）现代职业教育专业设置的方法

现代职业教育专业设置的方法多种多样，以下是较为典型的一些方法。

1. 单质设置法

这种专业设置方法是指学校只设置一个专业或是性质相同的若干专业。例如，烹饪学校只设置烹饪专业，医药职业学校只设置医药类专业。这种设置法能够对教育资源实现充分的利用，同时也非常有利于学校管理者集中统一地管理教学工作，提高课程教学质量。此外，这种专业设置方法还能够较快地形成专业优势，使学校在专业方面有自己的特色，甚至因为有特色的专业而增强学校的知名度，打造学校品牌。

然而，这种专业设置法设置出来的专业过于单一，面对人才市场对各种人才的广泛需求，常常难以满足与适应。所以，现在很多职业学校并不采用这种方法。如果采用这种方法，一般都是因为这一专业具有稳定的社会需求量，具有较长的生命周期，具有较高的市场占有率。

2. 近质设置法

这种专业设置方法是指学校根据自己的专业，设置与学校原有专业相

近的专业。例如，学校设置电气类专业若干个，空调制冷和家电维修专业各一个。这种设置方法能使新设的专业与已有的专业在课程结构、教学组织、师资配备使用等方面有较大的重合度，因而可以大大提高教育资源的利用率。此外，它也有利于逐步扩大办学规模，增强办学后劲，拓展办学途径。由于它能收到相当不错的办学效果，所以，职业学校大多愿意采取这种专业设置方法。

3. 异质设置法

这种专业设置方法是指学校根据经济建设和社会发展的要求，设置与学校原有的专业性质相去甚远，甚至根本不同的专业。例如，学校既设置了旅游、建筑、电子商务等专业，也设置了水利、财会、机电一体化等专业。这种设置方法对满足社会需求，使学校及时地适应经济发展有着积极的作用，办学总规模不易受影响。同时，它对满足学生的兴趣，增加学生职业门类的选择也有着重要的价值。但是，这种方法对教育资源的利用率低，会相应地加大教育成本，同时，教学管理也比较复杂，难以保证教育质量。

4. 拓展法

为了充分挖掘学校的办学潜力，提高办学效益，使已有的专业更好地适应经济、社会发展新形势的需要，职业学校往往还会通过拓展法来设置专业。拓展法又可分为以下四种。

（1）延伸拓展法。延伸拓展法是指学校在基础稳定、经验成熟、具有优势的原有专业基础上，延伸、派生出一些与原有专业性质相近、相关、相接，但在一些主要专业课上有所不同的新专业，形成专业系列和专业群。例如，在原有的机械专业基础上，可以向机械制造与控制、电设备安装与维修等新专业拓展，进而再向数控技术应用、机电技术应用等专业拓展。

这种拓展具有较强的继承性和假借性，无须太大的投入，即可收到良好的效果。

（2）复合拓展法。复合拓展法是指学校充分利用主干专业所拥有的教育资源，设置一些边缘或相邻的专业；或是基于老专业基础课，改变老专业的性质，拓展出不同性质的新专业。例如，学校在会计专业的企业管理、企业财会管理两门基础课的基础上，拓展出市场营销专业、国际商务专业等。这种方法能够用较快的时间创办起市场急需的新专业，而且它的成本低，可以充分利用原有教育资源。

（3）增补拓展法。增补拓展法是指不改变原有专业的名称，只在专业特有的课程基础上，增添几种就业市场上非常需要的课程，以增强专业的适应性。例如，对于文秘这个专业，可以根据当下用人单位的需求，增加商贸英语、经济管理、汽车驾驶等内容。当前，有不少专业都可以增加一些新的课程内容，尤其是计算机类、外语类、经济类的课程内容。这种增补拓展法力求改善学生的智能结构，使学生在就业市场上更受欢迎，更能适应激烈的就业竞争。

（4）滚动拓展法。在学校中，一些专业与专业之间往往有一些交叉性、相近性，在设置专业的时候，学校可以抓住这一点来开拓专业，拓展的专业只需要与原有专业在性质上有一定变化即可。这种设置专业的方法就叫滚动拓展法。例如，根据护理这一专业，学校可以拓展出中医护理专业，也可以继续拓展为老年人服务与管理这一专业。这种方法有利于学校将旧专业改造或调整成市场需要的新专业，而且效果很不错。

5. 调整法

在专业设置过程中，学校也可以通过对现有的专业进行必要的改造和调整，达到专业更新的目的。职业学校可采取的专业调整方法有以下三种。

（1）基础定向法。这种方法在专业设置中主要分两个阶段进行：第一阶段（前两年或三年）先按大类划分，不分具体专业，学习公共文化科学知识、专业基础知识与技能，旨在夯实专业基础，拓宽专业面；第二阶段（后两年或一年）根据人才市场的需求，再具体划分专业，定向培养专门人才。近年来，我国中等职业学校所探索的"宽基础，活模块""两年打基础，一年定方向"就是属于这种方法。

基础定向法有利于解决人才预测难度大、社会需求变化快与人才培养周期长的矛盾。既能对人才市场需求迅速做出反应，不断地派生、分化、拓宽、开发新专业，又能保持专业大类相对稳定，提高教育资源的利用率；同时，还可以为学生提供二次选择的机会，满足学生个性发展的要求。

（2）中心放射法。中心放射法是指学校根据社会发展和经济建设的需求，依靠学校的主干专业，辐射出与主干专业相近的专业。例如，化工专业可以辐射出精细化工、生物化工、林产化工等专业。

这种专业调整方法能较好地适应不同行业对同类人才的需求，并使专业既保持相对的稳定，又能灵活变通。需要注意的是，采用这种方法，一定要稳定强化主干专业，使其保持雄厚的实力和潜力，一旦社会有了急需，随时可以放射出来。

（3）综合通用法。这种方法是指借鉴一些国家通才教育的做法，根据产业、行业和职业岗位的分类，采用宽而广的综合方式，设置比较宽广的专业。也就是说，以宽为基础，以复合型为宗旨，通过设置宽口径专业，培养"多专多能"通识型、复合型人才。例如，湖南省在农村职业学校中曾经设置过的家庭经营专业，就是属于这种形式。学生既会种植，也会养殖，还懂经营，成为家庭生产经营的"多面手"、复合型人才。

现代职业所需求的智能结构已经大大跨越传统职业所界定的范围。许多知识和技能已不是个别职业的专利，而是许多职业活动与发展的共同基础。由于技术的交叉（如多媒体技术）、手段的交叉（如计算机辅助设计）、工具的交叉（如智能化办公设备），劳动力市场出现了要求职业人才应具备跨职业的知识与能力的需求。所以，培养"多专多能"通识型、复合型人才已经成为当前职业发展的一种显著趋势。

以综合通用方式设置专业，既可以满足这类企业的需求，为企业培养复合型人才，又能使学生具有多方面的职业能力，在接受人才市场选择时游刃有余，以增强适应市场的能力。所以，学校应合理地采用这种方法。

总的来说，职业学校的专业设置方法是多种多样的，到底采用哪种方法或是采用哪几种方法，则要根据实际情况具体分析，尤其要充分考虑经济、社会发展的客观需要。

（二）现代职业教育专业设置的策略

现代职业教育专业的设置，除了采用合适的方法外，还应当采取一些必要的策略。

1. 经验演进策略

职业学校的专业随着社会发展和科技进步始终处于发展变化中，专业的发展与变化是在一定的经验基础上逐步演进的。当社会发生变化，要求现代职业教育专业做出变化时，通常是在不改变原有基本框架的前提下，做出适当调整，或补充新的教学内容，拓宽基础和范围，或对专业方向和专业目标做适当调整。

在经验演进策略下，专业设置都是在原有基础上进行的，因而风险较小，不会有大起大落的现象出现。当然，如果原有专业框架确实已陈旧落后，不符合社会发展需要时，就要慎用这种策略。

2. 热点策略

这一策略是指专业设置根据社会人才需求的热点来进行，社会上什么专业最热，就设置什么专业，这在职业学校中经常被用到。需要注意的是，学校如果不考虑自身办学特色和优势，盲目跟着热点跑，让学校专业设置跟着社会热点的变化而过于频繁地调整，必然会浪费教育资源。

3. "宽窄并存、宽窄适度" 策略

这种策略主要是针对社会职业需求和学科划分，专业设置口径该宽就宽，该窄就窄，宽窄适度，或者适度拓宽专业口径，弹性设计专业方向。只要有社会需求，无论专业口径宽窄，都可以设置专业，而且专业口径的宽窄是辩证的、相对的、可转化的，专业名称上的窄，并不表明培养不出复合型、发展型的人才。

在这种策略之下，学校的专业设置往往有极高的灵活性和适应性，学校也更具特色和竞争力。

4. 边缘学科的交叉发展策略

这种策略是指根据社会人才需求，依托学校原有优势，着力在相关学科的交叉结合部分开拓新的专业，培养社会急需的复合型人才。新开拓的专业可促使传统专业的更新改造，提高传统专业质量；可以使学校有效地利用师资，避免因专业反复调整造成的师资浪费，有效利用现有图书、设备和设施，避免因专业反复调整造成的财力和物力的巨大浪费，增强职业学校的办学特色和声誉。

当然，这种策略的实施有较大的难度。不过，也正是这种难度很容易让学校在专业上形成自己的特色，做到人无我有、人有我优、人优我特，取得较好的社会效益和经济效益。

5. 关系处理策略

在专业设置上，职业学校也要十分注意处理好几种关系，从而提高专业设置的效率。

（1）处理好稳定性与灵活性的关系。长期以来的教育规律决定了专业的设置必须有一定的稳定性。因为一个专业从开始筹办到办出特色，往往需要一定的时间和过程，需要大量的人力、物力和财力，绝不是一天两天就能办成的。此外，在经济发展到一定的阶段后，各个方面也会趋于相对稳定。这就要求职业学校设置的专业也要保持相对的稳定，以确保能够为社会培养一批稳定需要的人才。

然而，面对当今不断变化的社会、经济、文化环境，职业学校的专业设置也必须与时俱进，及时调整与更新，也就是说现代职业教育的专业设置要保持灵活性。灵活的专业设置既能够保持现代职业教育的活力，也能适应社会发展的需求。

不过，需要注意的是，在专业设置上，根据零散的信息或凭着感觉盲目、随意地设置专业是要不得的。专业变动要有根据，要讲条件，要在相对稳定的基础上，有目的、有计划地进行。

（2）处理好宽广性与专深性的关系。在专业设置上，宽广性和专深性是一对矛盾。宽广性是指所设置的专业面宽、口径大、覆盖广，具有较强的综合性、交叉性和复合性的特点。专深性是指专业范围较窄，一般按行业、产品、岗位设置专业，具有针对性强、技术专深、上手较快的特点。

近年来，在市场经济体制下，知识更新的周期越来越短，窄深专业受到了挑战，专才型的人才不如以前受欢迎，企业更喜欢具有较宽知识面、较广泛职业能力的通才型人才。所以，现代职业教育的专业设置既要注意宽广性，增强专业的适应性，也要注意专深性，增强专业的针对性。

（3）处理好行业性与地方性的关系。现代职业教育的主要目标和基本任务是为本地区、本行业培养生产、建设、管理和服务的第一线技术应用型人才。因此，在专业设置上，处理好行业性与地方性的关系就显得非常重要，这需要职业学校做好以下两个方面的工作。

第一，重视设置地方需要的专业。地方所需要的大量的操作型人才，既不可能只依靠国家办的普通高校来输送，也不可能从外地、外国去引进，所以，只能依靠本地区自己培养。那么，地方职业院校在设置专业时，也要多多考虑地方需要的专业。只有将专业设置成当地所需要的，才能在推动地方经济发展中发挥人才强有力的支撑作用。

第二，重视设置为行业服务的专业。长期以来，我国的现代职业教育主要依靠行业办学，尤其是中专学校和技工学校，大多数由行业办理、行业管理或者是企业办理、企业管理，这类学校的专业设置带有明显的行业性，与行业有着紧密的联系，主要是为行业服务的，如卫生、艺术等。近年来，随着经济体制改革的深化，大部分行业已经把所办的职业学校剥离出来交给了地方，或者将原有的职业学校改为培训中心，只负责职工培训。这种趋势其实并不意味着职业学校与行业的关系就不紧密了。实际上，职业学校不能削弱为行业服务的职能。因此，在专业设置上，职业学校要防止目光短浅、急功近利，不要因为行业在转轨、转制中出现的短期内某类人才需求不旺，而将一些为行业服务的主干专业丢掉。

（4）处理好长线型与短线型的关系。长线型专业是指那些适应经济、社会较长时期发展需要的，具有较强生命力、较多竞争优势、较广适应范围、较远发展前景的专业。短线型专业是指那些为适应市场周期性、多变性、波动性特点，而开设的投资少、风险小、见效快、应急性强的专业。

社会需求既有长期需求，也有短期需求，因此，长线型专业与短线型专业在现代职业教育中都有着重要的作用，职业学校在设置专业时就应当处理好长线型与短线型的关系。

第四章　现代职业教育的课程设计与教学组织

第一节　现代职业教育的课程设计

现代职业教育课程是现代职业教育活动的核心，它对整个教学过程起着指导作用。如果没有现代职业教育课程，现代职业教育也就无法存在。因此，在发展现代职业教育的过程中，必须重视现代职业教育课程的开发工作。

一、现代职业教育课程的内涵

（一）现代职业教育课程的含义与作用

1. 现代职业教育课程的含义

现代职业教育课程可以从狭义和广义两个方面来理解。狭义的现代职业教育课程指的是职业院校中的某一门学科、科目或某一类活动；而广义的现代职业教育课程则包括与现代职业教育相关的所有载体、活动和过程，涵盖了现代职业教育的各个方面，存在于现代职业教育课程设计和实施的全过程。

从本质上来说，现代职业教育课程是现代职业伦理的价值追求载体，通过课程内容、活动、目标等要素来承载现代职业伦理价值对工作对象、职业定向和岗位能力的具体规定。未来，随着对现代职业教育与经济社会发展关系认识的不断深入及对现代职业教育、课程、职业资格等关键词汇把握的不断加强，人们对现代职业教育课程本质的认识也将不断深化。

2. 现代职业教育课程的作用

课程作用是课程主体与课程客体间相互作用的产物，是体现课程意义之物，涉及有关课程理论和课程实践的众多领域，对于课程发展具有重大的导向作用。具体而言，现代职业教育课程的作用主要表现在以下五个方面。

（1）能够促进学生职业素质的形成。现代职业教育的人才培养目标是培养能走上工作岗位的，能在生产、服务、技术和管理第一线工作的高素质技能型、实用型人才。这一目标要求现代职业教育课程应着眼于提升学生的职业素养，帮助学生形成良好的职业意识和职业道德，帮助学生学会生存，塑造职业精神，做拥有良好公共素养的合格公民。

（2）能够促进学生就业能力的提高。现代职业教育是一种以职业为导向的教育，它的本质是帮助学生获得职业能力和资格，为学生的未来职业生涯打下坚实的基础。基于这样的认识，现代职业教育课程应以形成学生的职业能力为宗旨，这一目标体现了现代职业教育的本质。无论是专业知识的学习和专业技能的获得，还是职业素质和职业精神的提升，其最终目的都是提高学生的就业能力，使学生在毕业之后即能顺利进入工作岗位进行工作，在更高层次的目标上则是要为学生以后的职业生涯积累资本。

（3）能够促进学生专业技能的提升。现代职业教育是使受教育者获得某种职业或生产劳动所需要的职业知识、技能和职业道德的教育，其很明显的一个特征是以就业为导向。现代职业教育的目标是培养达到行业、企业、岗位或某一新技术使用要求的合格的技能人才，因此，现代职业教育课程一方面要传授给学生特定工作岗位所必需的专业知识和专业技能；另一方面要锻炼学生的实际动手操作能力，从而提高学生在生产实践中的应用能力，充分培养学生的岗位职业能力、自主学习能力、分析和解决问题能力及开拓创新能力，注重岗位技能培养，从而达到提升学生专业技能的目的。

（4）能够促进学生人格的完善。现代职业教育要把学生转变为"职业人"外，还要把学生从单纯的"职业人"转变为"社会人"，即能适应社会发展需要，能不断自我完善和自我实现的人。这就要求现代职业教育课程要从单纯地传授职业知识和职业技能转变为关注学生的人格养成和身心健康发展，要注重学生的态度、情感和价值观的塑造，促进学生的人格发展和完善。

（5）能够促进学生智力的发展。现代职业教育课程在传授学生职业知识和职业技能的同时，还应该关注学生智力的全面发展。与普通教育课程更多地关注陈述性知识不同的是，现代职业教育课程更多地关注程序性知识，然而，无论是陈述性知识的学习，还是程序性知识的学习，都将有助于促进学生智力的发展。现代职业教育课程应该通过课程内容、课程设计、教学方式等方面来培养和强化学生的能力，如观察能力、记忆能力、想象能力、思维能力、创造能力等，从而促进学生的智力全方位的协调发展。

（二）现代职业教育课程的构成

通常而言，现代职业教育课程是由以下四部分构成的。

1. 现代职业教育课程目标

现代职业教育课程的设计、实施过程中所体现的现代职业教育价值的基本要求，以及学生学习课程后在知识、技能、态度等方面的预期结果，便是现代职业教育课程目标。它直接受现代职业教育目的的影响和制约，是现代职业教育目的和培养目标的具体化，是人们对于现代职业教育课程与教学预期的结果，是现代职业教育课程价值的具体体现和课程本质的外部反映。

2. 现代职业教育课程内容

现代职业教育课程内容是由职业院校各种教材、职业实践活动中特定的事实、观点、原理、规则、体验、问题及处理它们的方式组成的。实践证明，现代职业教育的基本理念不同，课程目标就会变化，而课程目标一旦确定，就在一定程度上为现代职业教育课程内容的选择提供了基本方向。

3. 现代职业教育课程组织

所谓现代职业教育课程组织，就是对现代职业教育课程的各种要素进行合理安排，使其形成合理的课程结构，以便有效促进现代职业教育课程目标的实现。

现代职业教育课程的组织有垂直与水平之分。垂直组织就是按照纵向的发展顺序对现代职业教育课程的各要素进行有效组织。连续性和序列性是一般课程垂直组织的两个标准。例如，按照职业活动导向，以某一项职业专门技术单项能力为主线，按照职业活动由易到难的逻辑顺序形成某专业课程。水平组织是将各种课程要素按横向关系组织起来。例如，在现代职业教育能力本位课程的水平组织中，以职业活动的逻辑顺序为主线整合课程内容，形成相应的主干课程和实训课程。

4. 现代职业教育课程评价

现代职业教育课程评价简单来说就是对现代职业教育课程在实现现代职业教育目标的过程中所具有的可能性及最终所呈现出来的有效性进

行价值判断。现代职业教育课程评价的有效性，不仅事关现代职业教育课程的实施效果及其不断完善，还会影响整个现代职业教育的质量及其未来发展。

（三）现代职业教育课程的特征

现代职业教育课程除了具有一般课程的特征之外，还具有以下五个特征。

1. 职业性

现代职业教育的实施必须面向就业，必须确保其所培养的人才能够服务于第一线的社会职业工作。这就决定了现代职业教育的课程也必须面向社会职业，能够有效培养并不断增强学生的职业能力。也就是说，现代职业教育课程是定位于特定的职业或职业群的。具体来说，现代职业教育课程必须注意对职业领域所涉及的知识、技能、规范、道德等进行有效整合，并要对知识在实际中运用的可能性及其运用的条件、手段等予以高度关注，对于一般的原理分析及理论推导则不必过分强调。此外，现代职业教育课程要注重培养学生的职业态度、职业技能，以便学生在走上工作岗位后能够快速适应岗位需要。

2. 适应性

现代职业教育课程的适应性特征，主要是通过以下三个方面表现出来的。

第一，现代职业教育课程要适应经济社会不断发展的需要，即要根据社会需要进行课程内容的选择与组织。社会是发展变化着的动态过程，现代职业教育的课程也必须适应这种变化并能根据变化及时调整。根据社会对人才需求的变化，做出最快的反应，把社会需求当作现代职业教育课程的出发点，培养出社会需要的合格人才。因此，现代职业教育课程设计必须进行劳动力市场需求分析，以使各专业课程内容与地区、行业的实际需求相适应，与技术的变迁相适应。

第二，现代职业教育课程要适应不同学习者的需求。也就是说，现代职业教育课程要与不同学习者的需求相适应，直接帮助学生形成广泛的知识、技能和良好的态度、价值观，增强学生的就业能力。

第三，现代职业教育课程要适应日新月异的科技的迅猛发展态势，应充分、及时吸收科技发展的最新成果。这也就决定了现代职业教育课程是一个不断进行，能紧跟时代发展的动态过程。

3. 实践性

与普通教育不同，现代职业教育是为具体工作做准备的教育，其培养的学生必须能有效地完成工作任务。因此，对于职业学校的学生来说，会做比会说更重要，因为工作中所依赖的知识大部分是实践知识，理论知识只有转化为实践知识后，才能被应用到工作中去。这就决定了现代职业教育课程必须是一门以实践知识为主的课程，要强调"学以致用"及"学"与"用"相统一。只有这样，才能真正促进学生在实践中将所学习的技术理论知识转化为自己的经验知识，并最终内化为自身的职业技能，为日后走上工作岗位提供重要的知识与技术支持。

4. 多样性

现代职业教育课程的多样性特征，主要表现在以下三个方面。

第一，根据不同的专业要求设置不同的课程，专业不同，现代职业教育课程内容的选择、课程的组织、教学方法、评价方式等都可能存在很大差异。

第二，不同区域的经济发展水平，各行业的发展水平并不平衡，区域性特征明显的现代职业教育在课程设置上必须关注到这种差异，设计出适合当地行业发展水平的现代职业教育课程，不同区域的现代职业教育课程必然体现出差异性。

第三，随着传统生源的减少，职业院校来自企业、社区进行在职、转岗、再就业等培训的生源将不断增多，如何设计出针对不同年龄层次，有着不同社会经历的不同生源所需求的课程，将是未来职业院校发展面临的一大挑战。

5. 应用性

现代职业教育课程的应用性特征，主要表现在以下三个方面。

第一，现代职业教育的课程内容具有应用性。现代职业教育的专业设置要适应地区、行业的实际发展需求，要适应科学技术的发展变迁，要更多地与经济和社会的发展接轨。

第二，现代职业教育课程要求锻炼学生的实际动手操作能力，从而提高学生在生产实践中的应用能力。现代职业教育课程目标要求学生在课程内容学习结束后，能快速、准确地将所学知识应用于生产、服务、技术和管理之中，更强调的是学生对技术知识的运用和实践，而不是理论推导和分析。

第三，现代职业教育课程注重为学生设计各种专业活动与专业实习、社会实践活动、公益性活动等，这些活动既可以在课堂内进行，也可以在课堂外进行。但无论它是哪一种类，采取哪种实现形式，都必须从学生直接经验出发来学习，强调学生从实践中亲身感受和体会，强调应用性，使学生在"躬行"中获得内心的情感体验，获得技能，丰富精神世界，促进自身和谐发展。

（四）现代职业教育课程的类型

现代职业教育课程依据不同的维度，可以划分成不同的类型，具体如下。

1. 依据课程任务进行分类

现代职业教育课程依据课程任务，可以细分为两类，即基础型课程和拓展型课程。

基础型课程注重学生基础学力的培养，以有组织的知识内容和技术技能作为课程组织的基础，注重学生思维力、判断力等能力的发展和学习动机、学习态度的培养。基础型课程作为一个合格劳动者所必需的基础教养，是学校课程的主要组成部分，以必修课程为主。

拓展型课程注重拓展学生的知识与技能，开阔学生的视野，发展学生各种不同的技术技能，并迁移到其他方面的学习中。拓展型课程常常以选修课的形式出现，比起基础型课程来有较大的灵活性，也更能针对不同学生的兴趣爱好、专业特长等来拓展学生的综合能力，进而促进学生的全面、个性发展。

2. 依据课程教学要求进行分类

现代职业教育课程依据课程教学要求，可以细分为两类，即必修课程和选修课程。

必修课程是一个教育系统或教育机构法定性地要求全体学生或某一学科专业学生必须学习且要达到规定标准的课程种类，具有强制性特征。必修课程所具有的功能主要在于选择传递主流文化；帮助学生掌握系统化知识，形成特定的技能；帮助学生获取某一教育程度的文凭和某种职业的资格。

选修课程是一个教育系统或教育机构中法定性的课程，学生可以按照一定规则自由地选择学习的课程种类。选修课程又可以分为两类：一类是学校规定学生必须在若干课程中选择学习一门或几门，称为限定选修课程；另一类是并不规定选择范围，允许学生在学校开设的所有课程中选择学习，称为自由选修课程。

3. 依据课程形态进行分类

现代职业教育课程依据课程形态，可以细分为两类，即学科课程和活动课程。

学科课程是以人类对知识经验的科学分类为基础，从不同的学科或分支学科中选取一定内容来构成科目，从而使内容规范化和系统化。学科课程在内容的组织上，注重纵向的顺序及系统性、连贯性，通常偏重理论，强调形式训练和知识的迁移，传授知识的效率高。但对学生的技能训练、情感陶冶等较为忽视，因而较难达到使学生自觉地将理论知识应用于实践的目的。从现代职业教育课程形态的现状来看，主要还是学科课程，所以必须大力改革。

活动课程是以围绕学生的发展需要和兴趣爱好为中心，以活动为组织方式的课程形态。活动课程打破了学科逻辑组织的界限，重视学生学习的主动性，注意学习同实际生活的联系，重视直接经验的作用，强调从"做"中"学"，培养学生手脑并用的实际能力，重视学生的个性差异等，因而有利于克服学科课程的某些弊端。

4. 依据课程组织进行分类

现代职业教育课程依据课程组织可以细分为两类，即学科中心课程和学生中心课程。

学科中心课程主张课程内容以学科知识的内在逻辑为线索加以组织，课程被区分为许多不同的科目。其特征在于强调知识的系统传授；强调以知识为学科逻辑体系来组织编排课程；强调课程目标是理智训练和智力发展；把知识划分为不同的价值等级。

学生中心课程主张以学生的兴趣和爱好、动机和需要、能力和态度等为基础来组织设计课程。课程的结构由学习者的需要和兴趣决定；课程的设计需要师生共同进行，并且课程设计必须尊重学生的主体地位；把重点放在问题解决的过程上而不是学历结构上；课程的组织比较重视学习者的个性差异。

5. 依据课程表现形式进行分类

现代职业教育课程依据课程表现形式可以细分为两类，即显性课程和隐性课程。显性课程又称"正式课程""公开课程"，是指学校情境中以直接的、明显的方式呈现的课程，一般指为实现一定的教育目标而正式列入学校课程计划（教学计划）的各门学科及有目的、有组织的课外活动。

隐性课程又称"非正式课程""潜在课程"，是指学校情境中以间接的、内隐的方式呈现的课程。它不在课程规划中反映，不通过正式教学进行，通常体现在学校和班级的情境之中，包括物质情境（如学校或企业建筑、设备等）、文化情境（如师生关系、同学关系、学风、班风、校风、企业文化等），对学生起潜移默化的影响作用，促进或干扰教育目标的实现。

二、现代职业教育课程设计的基本原则与模式

（一）现代职业教育课程设计的基本原则

现代职业教育课程设计指的是产生现代职业教育课程方案的全过程，包括现代职业教育课程目标、现代职业教育课程内容、现代职业教育课程组织、现代职业教育课程评价等环节。要确保现代职业教育课程设计的科学性和有效性，就需要在设计过程中切实遵循以下九个基本原则。

1. 科学性原则

这一原则指的是在进行现代职业教育课程设计时，必须充分考虑到现代职业教育的发展规律及现代职业教育课程发展中不断出现的新理念。

只有这样，才能确保所设计的现代职业教育课程能够符合现代社会及职业的发展要求，进而在现代职业教育的未来发展中充分发挥自己的作用。

2. 客观性原则

这一原则指的是在进行现代职业教育课程设计时，必须做好充分的调查研究。现代职业教育课程设计在各个环节都需要认真坚持和贯彻这个原则。比如，课程是否需要进行设计，这就需要查找与学校、行业、企业有关的调查统计数据来论证；取舍课程内容，需要对学生的个性特征、职业特性及它们的结合区、关联区等进行一系列的调查研究；课程内容质量的优劣，同样需要通过对教师、学生乃至社会用人单位的信息反馈进行调查研究。没有充分调查，就不会知晓学生、社会需要什么样的知识、技术和能力，也不会知晓现有的课程是否适应学生和社会发展的需要，也就谈不上课程设计，即使有也只能是纸上谈兵或闭门造车，这样的课程在实践中肯定是行不通的。

3. 人本性原则

现代职业教育课程的主要任务是提高学生的综合职业能力，为学生就业做准备，为学生发展奠定基础。因此，现代职业教育课程的设计必须切实以学生为本，确保所设计的课程能够帮助不同程度的学生都能有效达到课程目标。

4. 实用性原则

现代职业教育的目标是要培养学生具体做事的能力，而做事能力的形成需要综合大量的多学科的知识和实践经验积累。现代职业教育学与工作心理学研究表明，工作经验是职业从业人员最重要的知识。他们工作所需要的知识、技能和处理实际问题的能力，多通过工作实践获得。因此，现代职业教育课程的设计应坚持实用性原则，使课程内容、课程实施条件和环境尽量与现实的职业生活相一致，而不应根据学科系统性原则，按知识的形态、知识的层级、能力的类型等设置空间分布和时间顺序。

5. 衔接性原则

现代职业教育目标主要是通过现代职业教育系列课程实施来实现的。现代职业教育课程结构之间、课程内容内部之间及与之相关的教学活动和其他教育活动之间都存在着一定的结构化、系统化的关系。只有这些关系是合理、和谐的，才能共同促成教育目标达成。现代职业教育课程设计的衔接性主要表现在：不同领域的课程内容的衔接；每学期教学活动的逻辑衔接；普通课程与专业课程的相互促进；不同教育层次、不同教育类别之间的衔接。现代职业教育课程设计的衔接性决定了课程目标、课程内容及课程评价的一贯性与有效性，是学生可持续发展的重要手段。

6. 灵活性原则

灵活性既是现代职业教育课程的特点，也是现代职业教育课程设计应遵循的基本原则。只有对社会生产、服务和管理领域的技术更新有新的认识，对变化着的劳动力、人才市场具有灵活的适应性，现代职业教育课程才能具有生命力，才能实现其预定目标，这样的课程设计才有可能成功。

7. 开放性原则

这一原则指的是在进行现代职业教育课程设计时，必须积极发挥行业企业的作用。也就是说，现代职业教育课程设计必须积极引导行业企业的专业人员参与其中，这对于确保所设计的现代职业教育课程的内容与工作岗位的要求相符合具有重要的作用。此外，行业企业参与到现代职业教育课程的设计之中，还能确保所设计的现代职业教育课程的内容紧跟时代发展的步伐。现代职业教育课程实施中所需要的设备等资源，也在一定程度上需要依靠行业企业提供。因此，现代职业教育课程设计与普通教育课程设计的一个重要区别，就是前者必须打破学校与行业企业之间的界限，要跳出职业院校自身发展现代职业教育的窠臼，开展校企合作，尽量依靠行业企业进行现代职业教育的课程设计。

8. 前瞻性原则

教育是面向未来的事业。作为与生产、生活紧密结合的现代职业教育，不仅要考虑课程实施的预期效果，还要根据未来的发展变化不断修订课程。以就业为导向的现代职业教育，要实现"用明天的科技，培养今天的学生，为未来服务"。在课程设计中，只有高瞻远瞩，预测行业和技术的发展趋势，使课程具有一定的前瞻性，才能增强学生在未来工作岗位中的竞争性。

9. 适时评价原则

课程评价是课程设计工作中必不可少的环节。现代职业教育是一个开放的系统，与社会、经济的关系最为密切。课程目标是否合理，课程内容是否适当，课程实施效果如何，等等，凡此种种均需要给课程设计者做出及时的反馈。因此，在现代职业教育课程设计过程中必须自觉重视和遵循适时评价原则。

（二）现代职业教育课程设计的模式

不同课程的设计模式是不同课程观念的具体体现，就当前而言，我国现代职业教育课程设计的模式主要有以下三种。

1. "三段式"课程设计模式

这种课程设计模式通常把现代职业教育课程分为文化基础课、专业理论课和实践课三类，按照从基础到应用的顺序进行排列，构成一个正三角形。在这一模式中，文化基础课和专业理论课普遍在十几门以上，占总课时的 50%～60%，有的职业学校甚至达到 70%～80%。整体来看，理论知识所占比例过重。同时，每一门课程的微观排序也遵循这一原则，实践知识居于次要的地位。这种模式的着眼点更多是在理论知识的掌握上，而不是在实践过程的应用上。另外，这种课程模式主要以知识本身的逻辑为中心，不是以实践任务为中心来选择和组织课程内容。究其实质，"三段式"课程就是在传统学术教育课程的基础上，简单地加上一个实践环节，这种简单的叠加不仅在课程的结构上不具有一致性，而且难以突出现代职业教育自身的局限。

2. 能力本位课程设计模式

以能力标准为核心的现代职业教育课程设计，突破了学科课程的框架，强调以产业界对职业能力的需要为出发点，注重培养学生企业所需要的实际操作能力，采用的是能力本位的现代职业教育和培训课程。尽管能力本位的课程设计模式多种多样，但在课程结构上均体现出模块化的特征。一个模块就是一个相对独立而完整的学习单元，它包括旨在为帮助学生掌握某一明确陈述的学习目标而设计的一系列学习经验。

3. 实践导向课程设计模式

这种课程设计模式注重以工作任务为中心组织课程内容，以工作内容为纽带，使理论知识与实践知识统一整合到课程中去，但前提必须是实践知识和理论知识有内在的逻辑联系。同时，实践导向课程设计模式也必须按照从实践到理论的顺序组织每一个知识点。这种课程设计并非意味着课程内容只能按照从实践到理论的单向方式进行组织，而是主张从实践知识出发建立理论知识与实践知识之间双向、互动的关系。学习理论知识后，再重新回到实践，不仅进一步加深了对理论知识的理解，而且可以发挥理论知识对实践知识的促进作用。如此循环往复，会获得最佳教学效果。

三、现代职业教育课程设计的基本流程

现代职业教育课程设计是一个程序化的，各步骤、各环节相互联系、相互影响的系统工程。从现实实践和研究成果来看，目前现代职业教育课程代表性的设计流程主要有两种，即"五步法"现代职业教育课程设计程序和"十步法"现代职业教育课程设计程序。

（一）"五步法"现代职业教育课程设计程序

"五步法"现代职业教育课程设计的程序，具体包括以下五个方面的内容。

1. 对现代职业教育课程设计进行整体规划

在现代职业教育课程的设计过程中，这一阶段的工作质量会影响到以后各项具体工作的方向和结构关系。这一阶段的工作内容和步骤是判定课程面临的新问题或新任务，这是现代职业教育课程设计的开端；根据面临问题或任务的性质，采取适当对策。对于小问题可通过对个别科目具体内容的增减来解决；对于大的复杂的问题，则需要对整个课程重新做全面的选择，建立新型的课程结构。

2. 进行现代职业教育课程设计的前期调查

在具体设计现代职业教育课程前，需要开展一些调查工作，包括对课程的职业结构及岗位的要求变化进行调查。

调查应由专业教师和行业专家共同进行。调查对象是职业现场的劳动者及相应的基层管理者，即当事人。对于调查资料，要分析后制定简明而全面的职业能力表和相应说明书，它们是课程目标和内容选择的主要依据。

3. 选择现代职业教育课程的内容

现代职业教育课程内容的选择就是依据课程标准对最新技术、学习经验及职业生活进行精心分析和取舍的过程，这是选择教材、编制教材的基础。包括职业活动项目、活动程序、活动环境及与之相关的活动经验、常见问题的解决策略、技能与技术改进途径和策略等。

4. 建立现代职业教育课程的结构

课程内容是一个有机的整体，由于教学分工和人类学习的特点，不得不把它分割成不同的科目，至于如何分割则取决于课程结构模式。因此，建立课程结构，首先要确定课程结构模式，其次通过对课程内容资料库中每个项目内容逐一分析，确定它们之间的序列结构，最后组建教学科目。

5. 编制相关的现代职业教育课程文件

课程文件编写的最终成果分为不同系列的成形文件，如课程整体框架及各部分之间关系的说明、每一科目的目标及具体标准、课程实施文件及教学策略的说明、科目内容的表述、课程实施结果的评价方案等。

（二）"十步法"现代职业教育课程设计程序

"十步法"现代职业教育课程设计的程序，具体包括以下十个方面的内容。

1. 进行现代职业教育课程设计决策

这一步是确定某专业的课程是否需要设计和是否值得设计，这是对课程设计的适宜性和价值性作出决策。是否需要设计是指已有的课程设计是否已经难以满足企业和学习者的需要；是否值得设计是指将要设计的课程是否能够符合劳动力市场发展的趋势，是否有发展前景，是否满足企业和社会对未来人才需求的标准。

现代职业教育课程设计的出发点是职业岗位实际需求，而不是学科本位。现代职业教育的课程设计应该从工作岗位、工作任务出发，强调能力本位，要求企业与学校合作，让理论和实践互补，工作过程很可能是一条路径、一个手段、一个结构。工作实践应当是未来现代职业教育课程设计的核心，工作与课程是未来现代职业教育课程设计的重要主题，未来现代职业教育课程设计的核心问题是如何从工作结构而不是学科结构中获得现代职业教育课程结构，也不是简单地加强实践教学环节。

2. 规划现代职业教育课程的目标

获得课程设计决策许可的专业确定后，接下来的工作就是对整个专业课程目标进行规划。长期以来，我国的现代职业教育课程目标不明确，流于形式，无实质内容。因此，在新的课程设计中，不仅要重视课程目标，而且要注意将课程目标明确化和具体化。

现代职业教育课程目标是现代职业教育课程实施所要达到的预期结果，即学生在学完了课程之后所应该掌握的知识、学会的技能、养成的态度等。在对现代职业教育课程的目标进行确定时，要充分考虑到社会的发展现实、企业的用人需求、国家与地方的教育政策、学生的实际发展水平与发展需求等，还要积极听取相关学科专家及课程专家的意见。现代职业教育课程观所坚持的明显的职业导向性是其区别于普通教育课程观的显著特征之一。

3. 明确现代职业教育课程的门类

在确定了现代职业教育课程的目标之后，就需要明确需要开设哪些课程才能有效实现这一目标，即明确现代职业教育课程的门类。

在进行现代职业教育课程设计时，对现代职业教育课程的门类进行确定是非常关键的一个环节。只有做好了这一工作，才能促进现代职业教育课程计划的有效形成。此外，在明确现代职业教育课程的门类时，所依据的现代职业教育课程思想不同，最终的结果也会有一定的差异。

4. 确定现代职业教育课程的结构

现代职业教育课程结构设计就是对已经确定的现代职业教育课程门类，按一定的时序进行排列，并分配合理的课时。现代职业教育课程设计的结果就是形成某专业的课程计划或方案。

在对现代职业教育课程的结构进行设计时，首先需要对文化课与专业课的课时进行合理安排，确保两者的比例科学、合理；其次需要对按照怎样的顺序来开展这些课程进行确定。以前，现代职业教育课程开展的顺序通常是从理论到实践、从基础到应用、从一般到具体。现在，这样的职业课程开展顺序应该发生一定的改变，即从实践到理论、从应用到基础、从具体到一般。这样的现代职业教育课程开展顺序使得现代职业教育课程的结构逐渐由封闭转为开放，而且有利于学生在完成工作任务的过程中有效掌握相关的知识与技能，还能为学生从学习者角色转换为工作者角色提供一定的支持。

5. 设计现代职业教育课程的内容

设计现代职业教育课程的内容是指根据课程计划，确定每门课程的内容，形成课程标准，包括每门课程应当包含的工作任务、所需知识、技能和态度及教学模式、环境条件、评价方式的选择和建议等。

在设计现代职业教育每门课程的内容前，要先确定每门课程的具体目标。也就是各门课程应当包括哪些内容，怎样组织这些课程内容，并设计出每门具体课程应包含的工作任务及完成这些任务所需的知识、技能和态度，形成课程标准，包括教学计划、教学大纲等。课程内容的选择分为两个层次：整个专业课程的构建即各门课程的选择和各门课程内容的选择。这两个层次之间存在着十分密切的关系，只有对课程总体结构的功能进行了深入了解与分析，才能对各门课程的内容进行合理安排；只有对各门课程的相关情况（如作用、功能等）有一个整体把握，才能对整个专业的课程结构进行有效构建。此外，在对现代职业教育课程的内容进行设计时，要充分考虑到学校的实际教学条件、教师的教学水平及企事业单位所能够提供的实训条件。只有这样，才能确保设计好的现代职业教育课程得到有效实施，并能够取得良好的效果。

6. 组织现代职业教育课程的内容

在进行现代职业教育课程设计时，一旦确定了某一门课程的内容，就需要考虑如何对这些内容进行有效组织，并将其通过教材或是教学辅导书的形式呈现出来。

根据现代职业教育特性，在对现代职业教育课程的内容进行组织时，要切实依据学生职业能力的不断提升这一重要的前提，并要注重课程内容具有实用性和针对性，以便能够帮助学生完成一定工作。在对现代职业教育课程的内容进行组织时，要注意对某一专业领域的前沿性理论及新的工艺或方法等进行反映；注意在职业情境中对学生的职业活动能力进行锻炼；注意理论与实践的有机融合，以培养学生不断提高自己的综合职业能力。

7. 选择现代职业教育教学的模式

现代职业教育课程设计编制出教材后，还应该重视教学模式的选择。目前的课程理论也好，教学理论也好，针对教材选择的专门教学模式还是研究比较少的领域。而已有的教学模式大多数是针对课堂教学提出来的，与现代职业教育课程重工作、重实践的特点不符，因此，需要开发和选择适应现代职业教育课程特点的教学模式。

8. 开发现代职业教育课程实施的环境

现代职业教育课程实施环境开发，就是要对现代职业教育课程实施环境进行设计，目的是更有利于现代职业教育课程的实施。

在课程实施环境上，强调校企合作是提升教育教学质量的有效途径。目前，校企合作发展的新方向是学校和企业一体化发展，校企共同开发专业课程，共同搭建实训平台，建设功能多元的实训基地，以此组织生产和实训，达到"实训室—车间、教师—师傅、学生—学徒、实习—生产、作品—产品"的有效融通，真正实现产学研一体化，实现校企双赢，为经济社会发展作出贡献。

9. 选择现代职业教育课程的评价方法

作为一个课程设计的完整程序，课程评价是课程设计的最后一个步骤。评价模式多种多样，不同的评价需要会影响评价方式、方法的选择，而不同的评价方式与方法，又会对评价的目标和功能产生影响，甚至影响课程设计的最初环节。

在现代职业教育的课程评价中，要想如实反映并评价学生对课程内容的掌握情况，就要首先选取与学生在工作实践中所需要的实际知识密切相关的工作活动，而不是替代品。同时，在现代职业教育课程内容体系中，因为理论课程与实践课程的割裂，导致学生知识结构的割裂，因此，在评价过程中要充分考虑知识的整合。但不能把这种评价仅作为课程结束的一个附加项目，而要时刻把它作为课程的一个有机组成部分；还要充分运用评价者的判断，只有充分利用基于评价者专业知识的判断，才有可能真正识别学生的工作能力。此外，评价还要为学生提供多种学习与反思的机会，即评价的目的不仅是测量学生的学习结果，还要有助于发展学生的能力。对学生来说，实践能力的发展是无止境的。学生从评价的反馈和反思中获得学习机会，既支持了自己的实践能力向高水平发展，同时也可以测量学生的反思品质，即从实践中学习的能力。

10. 进行课堂层面的现代职业教育课程改造

有了课程计划、课程标准、教材、教学模式及课程实施环境，接下来就可以实施现代职业教育课程了。但按照古德莱德对课程的分类，教师会按照自己对课程的理解，按照自己特有的风格来实施课程。而针对不同的学生，不同的教学环境，甚至不同的地区文化，教师也必须对原来的课程进行某种程度的改造。这就是课堂中的课程改造，也是课程设计中非常重要的环节。

四、现代职业教育课程设计的评价

现代职业教育课程设计评价是现代职业教育课程设计的一个有机组成部分，目的是在现代职业教育课程设计理论研究与实践的过程中，使现代职业教育课程设计的方向更加明确。

（一）现代职业教育课程设计评价的原则

在进行现代职业教育课程设计评价时，为确保其科学性、客观性和有效性，要切实遵循以下四个原则。

1. 全面性原则

现代职业教育课程设计评价不仅要对现代职业教育目的的程度进行评价，还要对教育目的的科学性、经济性、有效性等进行评价；不仅要评价现代职业教育课程方案本身，还要评价现代职业教育课程设计的指导思想、理论与方法；不仅要评价现代职业教育课程设计的基本内容，还要评价课程方案的呈现方式等。

2. 多元性原则

这一原则是针对现代职业教育课程设计评价的主体而言的。课程实质上是一个以学校为基地进行课程开发的，开放的、民主的决策过程，即教师、课程专家、学生、社区人士和行业共同参与学校课程计划的制订、实施和评价活动。作为课程开发中的一个环节，在进行课程设计的评价时，应将上述这些与课程有关的人员都包括在内，使各方课程消费者都有平等表达自己需求和意见的机会。

3. 系统性原则

这一原则是针对现代职业教育课程设计评价的指标而言的。现代职业教育课程设计评价指标是现代职业教育课程设计基本属性的表征，所以，现代职业教育课程设计的评价指标应该产生于对现代职业教育课程设计内在的本质结构和属性的分析中。现代职业教育课程设计评价指标须具有一定的系统性，以便能够对现代职业教育课程设计的全貌进行有效反映。

4. 多样性原则

这一原则是针对现代职业教育课程设计评价的方法而言的，要运用多样化的方法来展开现代职业教育课程设计评价，如内部评价与外部评价相结合、定量评价与定性评价相结合、形成性评价与总结性评价相结合等。这样做能够在很大程度上避免现代职业教育课程设计评价的主观性、随意性等。

（二）现代职业教育课程设计评价的标准

现代职业教育课程设计评价的标准是多种多样的，且会随着社会的发展而发生一定的改变。在这里，具体阐述一下现代职业教育课程设计中课程目标、课程内容、课程组织及课程设计呈现与表达的评价标准。

1. 现代职业教育课程设计中课程目标的评价标准

在现代职业教育课程设计中，对课程目标进行评价可依据以下七个标准。

第一，课程目标是否与社会需要相符合，即是否能对社会主义建设者进行有效培养。

第二，课程目标是否与职业需要相符合，即是否能培养大量服务于一线的技术应用型人才。

第三，课程目标是否与学生需要相符合，即是否促进学生的全面发展与健康成长。

第四，课程目标确定过程中，其指导思想是否具有先进性，所运用的理论是否具体可行、所选择的课程目标确定方法是否具有可行性、课程目标确定的人员结构是否具有合理性等。

第五，课程目标的内容是否全面。

第六，课程目标的结构是否清晰。

第七，课程目标的表现形式是否具体、明确。

2. 现代职业教育课程设计中课程内容的评价标准

在现代职业教育课程设计中，评价课程内容可依据以下六个标准。

第一，课程内容是否具有科学性、先进性和前瞻性。

第二，课程内容是否能服从并服务于课程目标。

第三，课程内容是否来源于实际，能否有效解决学生在未来的社会及职业生活中面临的问题。

第四，课程内容是否与学生的身心发展水平相符合，是否能有效促进学生学习动机的发展及学习能力的提高。

第五，课程内容是否符合社会及职业发展的要求。

第六，课程内容的选择方法是否科学、先进，以及选择的范围是否合理。

3. 现代职业教育课程设计中课程组织的评价标准

在现代职业教育课程设计中，对课程组织进行评价可依据以下三个标准。

第一，课程组织是否与学生的学习动机发展及能力形成过程和特点相符合。

第二，课程组织是否与产学研相结合的教育模式的实际要求相符合。

第三，课程组织是否与社会的发展现实及职业发展实际有机结合。

4. 现代职业教育课程设计呈现与表达的评价标准

现代职业教育课程设计呈现与表达的评价标准，有以下四个。

第一，课程设计的文字是否简练、准确、规范，图表使用是否科学、恰当。

第二，课程设计的结构是否完整、简单、明了，便于学生进行了解与掌握。

第三，课程设计的表述是否与学生的心理特点、理解能力及接受能力相符合。

第四，课程设计的格式是否规范、严谨。

第二节　现代职业教育教学的组织

现代职业教育的教学是学生积累知识、提高技能及发展个性品质的一个连续过程，也是职业院校所有工作的中心环节。职业院校只有做好教学工作的组织工作，才能实现为国家经济社会发展培养技能型人才的根本任务。

一、现代职业教育教学的基本问题与对象分析

（一）现代职业教育教学的基本问题

现代职业教育教学是职业院校的教师有目的、有计划地组织、引导、促进学生积极主动地掌握知识、发展智能、完善个性的交互活动。

1. 现代职业教育教学的特点

现代职业教育教学相比普通教育的教学，有以下六个鲜明的特点。

（1）职业性。学生进入职业院校，就要根据未来职业的需要进行定向培养，满足特定职业的需要，教学内容、教学过程、教学方法、教学组织等各个方面均反映特定的职业特色和风格，带有该职业的烙印。现代职业教育的功能之一就是将潜在的劳动力资源转化为现实的能在职业活动中完成任务的劳动力。

随着社会的不断发展，任何职业岗位都需要掌握相应能力素质的从业人员，我国实行的"先培训，后就业"的劳动政策、劳动预备制度和职业资格制度，都表明职业岗位对劳动者素质有较高要求，不具备某项职业技能的人，就不能从事该项职业活动。

（2）实践性。实践性是现代职业教育区别于普通教育的主要特点之一。现代职业教育培养的是应用型、工艺型的专业技术人才，它直接担负着将现代科学技术和先进设备移植到生产上并转变为现实生产力的任务。这决定了教学活动中各个环节的展开都以有利于形成学生的实际职业能力为标准。现代职业教育的教学过程是引领学生从学习阶段转向社会实践阶段的过渡，是帮助学生将高度抽象的专业理论知识应用于具体实践活动、服务于社会的过程。因此，在现代职业教育的教学过程中，实习、实践的环节与要素始终占有一定的比例。这就使得现代职业教育的教学活动，无论是教学方法、教学组织形式的选择，还是教学手段的选用，都呈现出鲜明的实践性特点。

（3）复杂性。这一特点主要是针对现代职业教育教学的对象而言的，具体表现在两个方面：一是教学对象年龄、阅历层次的复杂性，现代职业教育教学的对象有青年学生，也有青年从业者，还有工作多年的成年人；二是教学对象学习、心理状况的复杂性，进入职业院校的学生的学习基础、学习目的、学习动机及对所学专业（工种）的认识、情感等有着较大的差异，自然就存在着各种各样影响学习的消极因素，增加了教学的复杂程度。

（4）灵活性。我国的社会经济结构处于动态变化中，首先是产业结构的变动，这种变动的特征，先是第一产业的从业人员向第二产业和第三产业流动；其次是产业部门中的行业构成也在发生变化，一些行业如纺织、钢铁、采掘等从业者日渐减少，一些新兴行业如电子、计算机、合成材料等则日趋发展；最后是各产业部门或行业的技术构成发生变化，表现为劳动密集型向技术密集型转化，这也必然导致劳动的技术内涵日趋丰富、智力成分不断增长。上述变化，必然导致社会劳动力的重新配置，产生劳动力流动现象。劳动力在产业间或行业间的流动和技术构成的变化，对职业岗位产生了巨大影响，使得新岗位不断产生和旧岗位逐渐消失。这就要求现代职业教育教学必须具有灵活性，能依据实际情况对教学内容、教学方法等进行调整。

（5）综合性。职业院校的服务范围广泛，可以是第三产业，也可以是第一、第二产业；培养目标跨度大，既可以培养以脑力劳动为主的技术人员、管理人员，又可以培养体力劳动为主的技术工人和其他劳动者；根据当前和长远的需要，培养的人才既具有某方面专业特长，能够顶岗劳动，又要有一定通用性，一专多能，满足转换职业和在职提高的需要。这就要求职业院校的教学内容要具有综合性，开设文化课、专业基础课、专业课和实习课，促进学生素质的全面发展。

（6）终身性。当今社会，青年人越来越频繁地变更职业，社会成员正由"单位人"逐渐走向"社会人"，人才流动已成为一种常态的社会现象。社会人员的这种就业需求也必然对现代职业教育产生影响，现代职业教育应包括职前就业准备教育、职中在职提高教育和转换职业所需要的教育。这就要求现代职业教育教学不仅要考虑学生第一次就业需要，而且要为其再学习提供基础，应着眼于劳动者的整个职业生涯。

2. 现代职业教育教学的规律

现代职业教育的就业导向属性，必然使得现代职业教育拥有特殊的教学规律。在对现代职业教育教学过程中存在的多种因素及其相互关系进行系统分析的基础上，得出现代职业教育教学的基本规律除了包括教与学相互依存的规律、教学与发展相互促进的规律及间接经验与直接经验相互作用的规律外，还需要包括以下两个基本规律。

第一，现代职业教育教学目标以职业能力为本位。以就业为导向的现代职业教育，旨在培养具有一定工作能力的实用型人才。因此，就业导向的现代职业教育既要为人的生存，又要为人的发展打下坚实的基础。因此，能力培养就成为现代职业教育培养目标的核心追求。现代职业教育教学目标是现代职业教育培养目标在教学层面的具体化，现代职业教育培养目标的特性要求现代职业教育教学目标应该以能力为本位。

第二，现代职业教育教学过程以工作过程为导向。现代职业教育是以职业的形式进行的，这是现代职业教育的职业属性最本质的表述。现代职业教育的这一职业属性反映在教学中，集中体现为现代职业教育的教学过程与相关职业领域的行动过程，即与职业的工作过程具有一致性。因此，现代职业教育教学过程就是围绕着工作过程中所包含的行动过程和学习领域展开的。

（二）现代职业教育教学的对象分析

教与学的关系相对独立，但又彼此制约，教是影响学的条件之一。学生不用教也可以学，即自己教自己。教师即使有能力教，但学生不注意、认知准备不足，或不主动建构新知识，教也不能导致学。因此，学生的因素是学习的重要影响因素，不同的学生具有不同的学习态度、起始能力和认知风格。教学时应考虑学生的差异，有针对性地因材施教，才能达到教育教学的最优效果。

1. 学生的学习态度分析

态度指的是个体对特定对象所持的较为持久的有组织的内在反应倾向，它由认知、情感和行为倾向三种主要成分所构成。现代职业教育的学生的学习态度也包括认知、情感和行为倾向这三种成分。其中，认知成分是学生对教学活动的认识、理解和评价，如对所学习学科内容的理解、某类课业的社会价值等；情感成分是学生对学习内容、方法等的内心体验，如喜欢或厌恶、感兴趣或乏味等情绪反应；行为倾向成分是学生的态度与其行动相联系的部分，它是个体学习行为的一种准备状态，即学生产生对教学活动做出操作反应的意向和抉择，如乐意听某门课程、主动搜集与课程有关的课外资料信息等。

学生的学习主动性和求知欲深受其学习态度的影响。当学生对学习有积极主动的态度时，将迸发出强烈的求知欲，高涨的学习兴趣会使其观察细致、思维活跃、记忆力提高。同时，学生积极的学习态度是教师完成教学目标和教学任务的重要保证。反之，学生的学习态度是消极的，则其学习的效率和效果会大大降低，教师教学目标与教学任务的完成也会受到不良影响。

在对学生的学习态度进行分析时，可以通过以下三个途径：一是通过多方面听取相关人员如教师、家长、同学对学生有关情况的介绍，据此对学生的态度做出分析和了解；二是运用问卷调查法，了解学生对教学设计将涉及的有关内容、教学目标、教材组织、呈现方法、策略学习等的看法、喜好和选择；三是通过学习、查阅有关文献资料或凭借所积累的教育教学经验对学生的一般特点或可能具有的学习态度做出基本或大概的估计。

2. 学生的起始能力分析

学生的起始能力指的是学生在进入新的学习单元或课题时，其原有的学习习惯、学习方法和原有的知识基础对新的学习有着重要的影响，即学生原有的知识技能的准备。教学目标的陈述只规定完成一定的教学活动之后，学生应习得的能力和行为倾向。教学目标所表达的是学生习得的终点能力，而这些能力得以实现的条件则是通过分析学生的起始能力获得的。

教师在对学生的起始能力进行分析时，应本着"跳一跳即可摘到桃子"的原则来设计教学目标，即教学的终末状态。确定学生起始能力的方法很多，教师可通过学生的作业、小测验、课堂提问、学生的反应等方法来了解和确定学生的原有基础。布卢姆的"掌握学习"原则，要求学生必须掌握教学单元的 85%的教学目标后，才能进行下一单元的学习。这一原则可以作为教学参考，因为此原则可以确保全体学生保持适当的起始能力和水平来进行后续的学习。

一旦分析了学生的起始能力，教学的步骤和方法的确定就有了科学的依据。同时，教师对学生起始能力的分析，有助于加深自己对教学活动的理解，认清课堂教学行为的各个部分、各个侧面的操作特性，明确学生在各类知识的学习中应该达到什么样的具体目标，朝什么方向努力，这既有利于改进课堂教学，也有利于学生达到最终的学习效果；有助于提高自己的教学行为的针对性，设计由浅入深、由易到难的技能训练系列，遵循人类学习的基本原理，使学生能够集中、有序地进行学习。

3. 学生的认知风格分析

学生的认知风格（或称认知方式）指的是学生在认知活动中持续一贯地采用的带有个性特征的信息加工方式，它是一种比较稳定的心理特征。

（1）认知风格的类型

1）场依存型与场独立型。场依存型往往更多地利用外在的社会参照来确定自己的态度和行为；在解决熟悉的问题时，不会发生困难，但在解决新问题时则缺乏灵活性；一般缺乏独立性，易于接受外来的暗示。场独立型学生数量随年龄递增而增长，女性比男性更依存于场；场独立型在社会活动中不善于人际交往，对社会线索不敏感，社交能力弱；在解决新问题时，倾向于在更抽象和分析水平上加工，善于抓住问题的关键，灵活地运用已有的知识来解决问题；更有主见，处事有自主精神。

在学习活动中，场依存型学生尤其善于学习与记忆包含社会性内容的材料。场独立型学生在学习缺乏组织的材料时，其学习效果要优于场依存型学生。此外，场独立型学生比较喜欢抽象的、理论的学习材料，而不喜欢学习一些具体的知识，他们达到概括化的程度比场依存型的学生高，但两者在获得的知识量上没有差异。

2）沉思型与冲动型。这一认知风格反映的是学生在信息加工、形成假设和解决问题过程的速度和准确性方面的差异。

沉思型学生倾向于深思熟虑，审视问题，权衡各种解决问题的方法，然后做出反应。由于这类学生总是把问题考虑周全以后再做反应，因而其特点是反应慢，但精确性高。沉思型的学生阅读能力、记忆能力、推理能力、创造能力等方面都表现得比较好。

冲动型学生面对问题时总是急于求成，往往只以一些外部线索为基础，缺乏对问题的深究，不能全面细致地分析问题的各种可能性，不管正确与否就急于表达出来，甚至有时还没弄清问题的要求，就开始对问题进行解答。冲动型学生因为粗心大意常常在功课中处于不利的地位，出现阅读困难，甚至表现为学习能力缺失，学习成绩不太好。不过，从解决问题的能力来看，冲动型的学生并不一定比沉思型的学生差。

（2）学生认知风格的具体分析

教师要经常在课堂教学中有意识地传递与认知风格相关的知识，并运用调查表、周记、日记、自我评价表等，对学生的认知风格进行分析与确定。这样一来，教师就能够针对不同认知类型的优势和劣势采用不同的学习方式和学习策略。比如，有人通过训练冲动型学生大声说出自己解决问题的过程，进行自我指导，当获得连续的成功以后，由大声自我指导变成轻声细语，而后变成默默自语。最终可以训练冲动而又粗心的学生有条不紊地、细心地进行学习和解决问题。

二、现代职业教育教学的基本原则与策略选择

（一）现代职业教育教学的基本原则

教学原则是人们根据一定的教学目的，遵循教学规律而制定的指导教学工作的基本要求，它不是主观臆造的，而是有一定客观依据的。现代职业教育教学的原则，有以下八个。

1. 职业性原则

职业性原则指的是现代职业教育教学应使受教育者在全面发展的基础上，获得与经济建设具有极为密切关系的相关职业所需要的职业知识、职业能力和职业道德，亦即成为具有全面素质和综合职业能力的应用型和实用型人才。

这一原则要求教师要了解相关职业岗位的专业要求，教学过程的展开要以职业岗位的要求为依据，将教书和育人结合起来，在提高学生知识与技能的同时，培养他们的职业道德和社会责任感。

2. 实践性原则

现代职业教育是以就业为导向，能力为本位的，现代职业教育的教学要以职业实践为出发点，并将其作为教学工作的导向和最终目标。也就是说，教师在教学过程中要引导学生从理论与实际的结合中理解知识，并运用知识去分析解决实际问题，做到学懂会用、学用结合、学以致用，以有效培养学生以知识为中介分析问题和解决问题的实践能力。

这一原则要求教师在教学中要树立"学中用、用中学、学用一体"的思想，在系统、全面分析学生未来职业岗位需求的前提下，优先保证对学

生实践能力的系统培养；要求教师在教学方法上必须停止说教和唱独角戏，做到理论与实践相结合，将学生的一切学习活动外化为可感知、可操作的现实事物之中，让学生在实践中体验，在体验中升华认识，并且通过外化的实践活动，降低知识的抽象性；要求教学的标准和内容能适应学生和企业岗位的实际需要，与职业标准相结合，使生产和教学零距离，培养出符合企业要求的合格人才；要求加强教学实践活动，如教学练习、见习、实习、参观、职业岗位实践活动、社会实践活动等，这是加深学生对知识的理解，运用知识于实际和形成技能技巧的重要途径；要求充分发挥实践教学场地（如实习车间、实验室、演示室等）的作用，并要充分利用校外企事业单位的生产、营业和办公现场，对学生进行具有针对性的、与现实生产或工作相一致的培训，尽量让学生亲自动手实践，使学生不仅具备在模拟环境下工作的经验，同时具备一定的实际工作能力和工作经验。

3. 发展性原则

现代职业教育教学的发展性原则，表现在以下两个方面。

第一，现代职业教育教学的内容和要求要随企业的发展而发展变化。当前，我国经济快速发展，新材料、新技术、新能源不断出现，企业的生产与要求在不断变化，作为直接为企业输送人才的现代职业教育，它的教学内容和要求必须随企业发展而发展，要不断更新，不断将动态的具有较高价值的新成果引入教学过程，为企业输送可直接上岗的工人。这就要求我们的教师要亲自到企业中实践，掌握最新的技术发展，也提升自己的专业素质，满足教学要求。

第二，现代职业教育教学要注重培养学生可持续学习的能力。在现代职业教育教学中，不仅要满足学生现在的需求，还要关注学生的未来，在教给他们知识与技能的同时，也要传授给他们解决问题的方法，使他们今后有广阔的发展空间。

4. 指导性原则

指导性原则指的是教师在教学过程中要引导学生主动、自主地进行学习，同时，指导学生形成正确的学习方法和思考问题的方法，以提高他们分析问题、解决问题的能力，从而帮助他们高效地完成学习任务。它主要运用于职业院校的实践教学活动中。

这一原则要求教师在学生的实际操作活动过程中，给予适当而有效的演示、描述和解释，让学生掌握生产技术设备的安全操作方法，这一过程可以采取集体指导的方式；而在学生自己操作练习的过程中，对其操作姿势和操作方法的指导和纠正则可以采取个别指导，并适时地运用启发性原则，使学生能有效地习得操作技能。

5. 过程性原则

过程性原则指的是教师在教学中要更多地关注教学的过程，使教学的过程体现出多样性来，并引导学生的认知从多元趋于一元。

职业院校的教学目的不光要学生掌握一些结论性的知识，更重要的是要学生掌握相关的职业技能。而任何一个职业行为都是由不同的操作环节构成的，操作过程中的每一个环节都对其结果产生重要影响，这就要求教师在教学中不仅要看学生能否完成任务，更要关注他们完成学习任务的操作过程，关注学生思考的过程、关注学生的工作思路和行为习惯、关注学生心理承受力。只有通过对学习过程的关注，才能了解他们的过程是否符合操作规程，是否符合行业职业道德要求，这对培养学生良好的职业习惯是非常重要的。

6. 直观性原则

直观性原则指的是在教学过程中，教师要通过实物、模型、多媒体演示、实验演示、肢体语言等，将学生要学习的知识形象地呈现出来，使学生通过直观的感性认识去领会抽象的专业知识。

这一原则强调在教学中要由感性认识到理性认识，这是符合人的认知规律和职业院校学生特点的。职业院校学生由于文化基础较薄弱，对于抽象的知识，接受能力有限，如果采用直观性教学，就能将抽象的知识具体形象化，降低掌握知识的难度，扫除他们学习的畏难情绪，提高学习主动性。职业院校学生一般都没有职业经验，对于一些职业岗位的要求和操作流程较陌生，在教学中通过实物、模型、多媒体演示等将职业岗位流程及一些技术要求直观地呈现出来，不但可以使抽象的专业知识具体化、形象化，还能够促使感性的职业实践、生活实践经验与理性的知识相结合，使学生更好地掌握专业知识与技能。

7. 因材施教原则

因材施教原则是根据教育要适应个体发展的原理提出来的。班级授课制使得学校的教学工作面向全体、统一安排，一切活动的开展都是一以贯之地进行的。这有利于全面提高教学质量，便于学校进行教学管理，但在一定程度上忽视了学生的个体差异性，使学生的个性发展受到阻碍。

在现代职业教育教学中贯彻因材施教原则并不是要否定统一要求和全面安排，而是在统一和全面的基础之上，教师要全面了解学生，熟悉学生在性格、特长、爱好、思想品质等方面的差异。职业院校的学生在这些方面更是参差不齐、各有差异，因此，教师更应该给予更多的关注，在教学中扬长避短、有的放矢、因材施教。尤其针对不同学生的兴趣和特长，实施个别化的鼓励和指导，这会有力增强学生的自我效能感，提高其在某一专业领域的学习能力和技能水平。

8. 情境性原则

情境性原则指的是在教学中通过创设某种实践情境，如活动的场景、事件、情节及氛围，并规定操作内容，进行角色设置，让学生参与、感受其中，引导学生形成事物的清晰表象，使学生获得生动鲜明的感性认识，为学生掌握理论知识，形成一定的职业实践能力创造条件。

这一原则处理的是理论知识的抽象性与学生认识的具体形象性之间的关系，是根据学生的认识规律提出来的，反映了学生思维发展的特点。通过教学情境使学生的多种感官都参与到认知活动中来，有利于学生由形象思维向抽象思维过渡，使其所学知识形象化、具体化，既激发他们的学习兴趣和学习积极性，又减少掌握抽象概念的困难，为他们形成科学概念、理解巩固知识、发展认识能力创造条件。

教师在运用这一原则时，要特别注意三个方面：一是要注意根据不同的教学目标、教学内容创设不同的情境，只有根据教学目标和教学内容的需要，创设最恰当、最合理的情境，才能发挥情境教学的优势与效用；二是要注意激发学生的职业兴趣，即通过教学让学生找到自身和专业的"关系"，使学生由对职业的好奇转变为对职业的兴趣，为今后的学习打好基础；三是要注意激发学生的职业情感，创设真实的教学情境或引入真实的工作环境，既为学生提供了学有所用、亲自动手的实践机会，又可以使学生尽快适应职业角色，养成职业习惯，这种教学方式带给学生的感悟，有助于其职业情感的形成。

（二）现代职业教育教学的策略选择

1. 教学策略的含义

教学策略是在教学的过程中，为了达到教学目标、完成教学任务，对教学活动进行调节和控制的一系列执行过程，它包含以下四层含义。

第一，教学策略包括教学活动的元认知过程、调控过程和教学方法的执行过程。教学活动的元认知过程是指教师对教学过程有效监视和控制。教学活动的调控过程是指教师根据教学的进程和变化对教学过程进行检查，及时反馈和调节。教学方法的执行过程是指教师在教学过程中采取的师生相互作用方式、方法与手段的展开过程。

第二，教学策略不同于教学设计，也不同于教学方法，它是教师在现实的教学过程中对教学活动的整体性把握，以及推进教学活动的措施。

第三，教师在教学策略的制定、选择与运用中要从教学活动的全过程入手，兼顾教学目的、任务、内容，学生的状况和现有的教学资源，灵活机动地采取措施，保证教学有效、有序地进行。

第四，教学策略是一系列有计划的动态过程，具有不同的层次和水平。

2. 现代职业教育教学策略的选择依据

教学策略的选择是否恰当对现代职业教育教学的效果会产生重要的影响。因此，在现代职业教育教学过程中，必须高度重视教学策略的选择。具体而言，在选择教学策略时要切实依据以下四个方面。

（1）教学的目标与任务。教学目标不同，所需采取的教学策略也不同，不同的教学目标与教学任务需要不同的教学策略去完成。如新知识学习、技能形成、态度情感学习、学习动机的形成、问题行为矫正等，课程的教学目标和教学任务不同，则需要选择不同的教学策略。

（2）教学的内容。不同学科性质的教材，应采用不同的教学策略，而某一学科中不同的具体内容的教学，又要求采用与之相适应的教学策略。

（3）学生的实际状况。学生的实际状况也会影响到教学策略的选择，这主要表现在以下两个方面。

第一，学习者的起始能力决定着教学的起点，教学策略的制定或选择必须从此起点出发进行具体分析。教是为了学，因此，制定和选择教学策略要考虑学生对某种策略在智力、能力、学习态度、班级学习氛围等方面的准备水平，要能调动学生积极的学习兴趣和态度。

第二，学生的认知风格有差异，同时，学生的认知风格又与学习有着密切的关系。教师若能针对学生的认知风格差异调整自己的认知方式，选择适合学生认知风格的教学策略，便能促进学生有效地学习。

（4）教学策略的适用范围和使用条件。每种教学策略都有各自的适用范围和使用条件，同时又有各自的优点和局限。某种教学策略对于某个学科或某一课题是有效的，但对另一课题或另一种形式的教学可能是完全无用的，如发现法教学策略，对培养学生的内部动机，学会发现的技能，记住和保持信息，有它的积极作用。但一切知识未必都需要自我发现，即人们获得的大量知识都不是来自亲身的发现。尤其是当今知识大爆炸的时代，学科的研究越来越精细，任何人穷其一生都难以把一门学科研究透彻。

三、现代职业教育教学的方法与模式

（一）现代职业教育教学的方法

在《教育大辞典》中，"教学方法"的定义是"师生为完成一定教学任务在共同活动中所采用的教学方式、途径和手段"。也有学者认为，教学方法是教师和学生为了实现共同的教学目标，完成共同的教学任务，在教学过程中运用的方式与手段的总称。在现代职业教育的教学实践中，选择合适的教学方法是十分必要的。目前，现代职业教育教学实践中所运用的教学方法多种多样，下面简要介绍八种常用的教学方法。

1. 项目教学法

项目教学法又称"产品教学法""项目作业法"，是指在教师指导下，学生与教师通过共同实施一个完整的工作（工程）项目而进行学习的教学方法。具体到现代职业教育领域而言，一个项目可以是一件产品、一种服务、一个策划等。

在现代职业教育实践中，项目教学法是一种具有鲜明行动导向性的教学方法，通过这一教学方法能够深切感知到行动导向教学所具有的真实性、协作性等特点。在现代职业教育教学中运用项目教学法时，选择并确定项目是关键。在这一过程中，要注意所选项目以一个实际工作任务最佳，并要与学生所要学习的内容及企业的实际生产过程等有直接的关系；要注意所选项目的难易程度要符合学生的实际，并在此基础上有一定的提升，即学生通过努力可以完成这一项目，否则不能有效激发学生的学习积极性和创造性，也不能有效培养学生独立处理问题的能力；要注意所选项目实施完毕后，应有具体的项目成果呈现，使学生有学习的成就感，也使项目的最终实施效果得以呈现；要注意所选项目要呈现出相关行业的最新发展动态。

项目教学法的实施步骤：一是对教学项目进行布置，在这一过程中教师要注意将项目的目标、要求、内容、实施条件等向学生讲明；二是对教学项目的实施方案予以确定，即教师在将项目分配给学生后，就要指导学生根据项目的要求对具体的项目实施计划与方案进行确定；三是实施教学项目，即学生在确定了实施教学项目的计划后，教师要指导学生切实以自己制订的计划为依据进行教学项目的有序实施，直至最终完成教学项目的任务；四是评价教学项目，教学项目评价可以由师生共同评价，也可以根据相关企业标准进行评价（前提是教学项目是真实的工作任务）；五是对教学项目的实施情况进行总结与反思。

在项目教学法的实施过程中，应特别强调以行动为导向的学习，重视学生的相互交流与信息的反馈。作为现代职业教育和培训的一种重要教学方法，项目教学法对于培养和提高学生解决实际问题的能力具有显著的作用。因此，在项目开展的整个过程中，教师要引导学生将理论与实践紧密结合起来，只有将自身的专业理论知识应用到具体实践中去，才能真正培养和增强自身的实践技能。同时，教师在关注项目实施结果的同时，更要关注完成项目的过程，只有这样才能真正引导学生为完成项目将其所学的相关知识和技能综合起来。

2. 引导发现教学法

引导发现教学法是指在教学活动中，以问题为中心，在教师的指导与引领下，学生通过积极主动的思维活动，去探索、发现解决问题的方法或策略，进而了解相关知识和技能的一种教学模式。

引导发现教学法的实施包括四个步骤。一是引导学生提出问题。教师要依据课题内容及学生的认知水平，恰当地把教学内容设计为层层递进的问题或悬念，并引导学生发现这些问题，激发学生的求知欲望和学习兴趣，进而引发学生的积极思维。问题设计得好坏，是引导发现法成败的关键。二是引导学生探究问题。这一步骤是引导发现教学法学习过程中的核心部分，是学生自己独立思维的过程，教师在这一过程中要充分发挥学生在学习中的主动性，让学生围绕提出的问题进行阅读、观察、试探、验证等一系列活动，要鼓励学生进行探究和讨论，以互相启发，交流思路，并组织、协调好学生间的交流探究，向学生指明探索方向。三是引导学生解决问题。此环节是教师在引导学生探究问题得出结论的基础上组织学生相互交流探究结果，从而最终解决问题，可以通过学生先自己归纳、展示自己的学习成果，然后再由教师或师生共同评价学生学习成果的方式进行。四是总结提高。师生共同回顾问题解决的全过程，概括解决问题的思路和方法，提升学生的分析能力。

3. 任务驱动教学法

任务驱动教学法是一种建立在建构主义教学理论基础上的教学法，要求在教学过程中，以完成一个个具体的任务为线索，把教学内容巧妙地隐含在每个任务之中，让学生自己提出问题，并经过思考和教师的点拨，自己解决问题的教学法。任务驱动教学法的实施包括四个步骤。一是布置任务。教师在课前要根据课堂教学内容和学生实际，设计好教学任务，并在上课时首先布置任务。这里讲的任务不同于前面项目教学法的项目，项目是一个综合性的实际工作任务，一个项目的实施涉及的学科知识和专业技能较多，当项目实施完毕后应有具体的、有实用价值的劳动成果呈现，实施起来较复杂。而任务驱动法中的任务可以是一个单纯的学习任务，也可以是一个工作任务，教师在一节课上就可以根据教学内容设计不同的教学任务。二是分析任务。教师布置完任务后，要组织学生分析任务。在分析中，教师要发挥学生的主动性，让学生自主学习，不要代替学生，教师只是向学生提供解决问题的有关线索（如需要搜集哪一类资料、从何处获取有关的信息资料等），大胆放手并鼓励学生去想，让学生自己提出问题，调动学生主动求知的欲望。三是完成任务。学生在经过以小组为单位的交流、探讨后，他们在一定范围内对问题的解决有了思路并有可能达成了共识。这时教师可以采取各组同学相互交流、补充，教师最后加以总结归纳的方式完成任务。四是评价、总结。可以采取小组间互评的方式对各小组任务完成情况进行总结、评价，这样可以起到巩固知识、提升学生综合能力的效果。

在任务驱动教学法的实施过程中，还要特别注意以下三点。

第一，选择的任务不宜过大、过难，应符合学生特点，任务设计要有明确的目标。

第二，教师必须从讲授、灌输，转变为组织、引导，从讲台上讲解转变为走到学生中间与学生交流、讨论，共同学习。

第三，教师要尽可能地提供必要的活动条件，要使学生能参与到活动中，在活动中学到知识与技能。

4. 实习作业法

实习作业法又称实践活动法，是教师指导学生在车间、农场、实习室等场所进行实际操作，将知识运用于实践以培养分析问题和解决问题能力的教学方法。

教师在开展实习作业之前，一定要做好各项准备工作，制订明确而具体的实习计划，准备好各类实习器材和设备，确定实习成员的分组情况等，做到各项准备工作安排得当、有条不紊。在开展实习作业的过程中，要指导学生文明操作、安全作业，和相关技术部门密切配合，尽量争取学到更多的实际有用的操作技能。实习结束后，要安排撰写实习报告与实习心得，加深对实习过程的理解与消化。

5. 分层教学法

分层教学法是教师根据学生在基础知识、基本技能、思维定式、兴趣特长等方面的差异，把学生分成几个层次，从学生具体情况出发，有区别、有针对性地进行教学活动，以达到全面提高的目的。

这一教学法非常适用于中等职业院校，因为中等职业院校在招生时没有统一的分数要求，学生的学习基础参差不齐，完全统一的教学目标和要求不能满足所有学生的要求，而分层递进教学法则可较好地解决这个问题。

分层教学法的实施包括三个步骤。一是进行教学目标分层。教师在设定教学目标时，要结合教材内容对不同水平的学生，规定不同水平的要求。这样才能使基础差的同学有学习的信心，学习好的同学有学习的兴趣。二是进行课堂教学分层。为使课堂教学适应学生的个体差异，必须严格围绕教学目标分层施教。教师在把握教学的同时，要结合不同教学内容使教学进度分层推进，在学习新知识时，能让各层次学生充分参与，由于各层次学生的掌握理解能力不同，教师要抓住机会，适时了解各层次学生的认知情况，分别予以指导。三是进行教学评价分层。教师在进行教学评价时，其评价标准也应分层。通过分层次的学习评价，一方面可以检查教师分层教学目标的实施情况；另一方面也可以激励不同层次的同学进一步深入学习。

6. 要素作业法

要素作业法又称要素作业复合法，是一种通过对手工生产劳动过程的分析，从中抽出操作要素编成单元作业，然后在与生产现场相脱离的场合按一系列要素作业进行教学的方法。这是一项具有很强实践性的教学方法，其教学过程的展开既要兼顾学生对某项工作的掌握与熟练程度，又要兼顾对此项工作所在的工种的整体技术的熟练与掌握程度，以此提高学生的操作技能。

要素作业法的实施要遵循由易到难、由简到繁、循序渐进的原则，教师要让学生学习和掌握个别工序复合法的基础，然后在熟练掌握这些要素的基础之上，进行复合与应用，从简单作业逐步过渡到复杂作业。同时，在具体的操作过程中，教师应该指导学生认真分析工种的特点，明白其原理，知晓其操作步骤，从而分解出最基本的要素工序。实施过程的进度和难度必须得到控制，应根据学生的心理特点和已有的技能水平来确定。

7. 案例教学法

案例教学法就是选取一些具有较强针对性、实践性、真实性和典型性的个案、实例等，通过引导学生对其进行深入分析与探究，使学生的问题分析与解决能力不断得到有效提高的教学方法。这里的案例是关于实际情境的描述，它指的是一个完整的、有代表性的真实事件。

案例教学法的实施可以分为三个阶段——课前准备、课堂实施和课后评估，具体可以分为六个环节，即案例的引入、信息的收集、方案的研讨、决策的制定、方案的确定及方案的评价。在运用案例教学法时，要注意精选案例，案例必须真实可信、客观可辨而且多样；案例的内容要与本节课所学知识有关，难易程度与学习知识的深浅度相关，篇幅大小与教学时间相适应；要做好充分的课程准备，案例教学的目标要明确而具体，要给予学生充分的独立思考、讨论的时间和空间。

8. 头脑风暴教学法

头脑风暴教学法指的是在教师的有效引导之下，学生就某一课题自由地发表自己的意见，教师和其他同学不对其正确性和准确度进行任何评价或干预的教学方法。这是一种可以在最短的时间内获得最多的思想因子和观点的讨论性方法。

现代职业教育教学中运用头脑风暴教学法时，应特别注意以下四点。

第一，要让学生自由思考，而且要能够不受任何拘束地自由发言，只有充分地解放学生的思想，才能收集到更多有益的观点和建议。

第二，要注意评价不能与回答同步进行，学生在回答问题或给出建议的时候，教师和其他同学不能直接地立即给予评价甚至将其打断，不论对其看法表示赞同或否定，评价必须居于"集思广益"之后。

第三，讨论要注重量的积累，只有让同学们提出更多的观点和看法，才能在最后提炼出更有价值的意见和建议。也就是说，必须以量的积累才能达到质的生成和提高。

第四，要控制好参加的人数和讨论的时间。头脑风暴法的开展适宜采用小组讨论，每组 5～10 人，时间控制在 5～15 分钟为宜。人数过多或过少、时间太长或太短，都会对最后的结果造成影响。

除了以上四种教学方法外，现代职业教育教学中还会运用讲授法、谈话法、读书指导法、演示法、参观法、实验法、练习法、欣赏法、情境教学法等多种教学方法，限于篇幅不再展开论述。

（二）现代职业教育教学的模式

教学模式是在一定教学思想或教学理论指导下建立起来的较为稳定的教学活动结构框架和活动程序。在当前现代职业教育教学过程中，行动导向教学模式和产学研合作教学模式的运用是最为广泛的。

1. 行动导向教学模式

行动导向教学模式是以就业为导向，以能力为本位，以国家职业资格鉴定标准为依据，以工作领域的职业活动为内容，运用行动导向的教学方法组织教学，让学生在职业性的教学过程中参与学习，体验学习，最终学会学习，培养具有综合职业能力的技术技能型人才的教学形式。

从行动导向教学模式所依据的理论基础来看，有行动调节理论、建构主义学习理论、杜威的实用主义教育理论、行动导向学习理论、情境学习理论等。行动导向教学模式就是在对这些理论的借鉴、发展和融合的基础上，经过多年的实践、总结和提升才逐步形成的。其中，主导行动导向教学模式的理论基础是行动调节理论和行动导向学习理论。

行动导向教学模式强调教学过程与教学目标之间的交互作用，应根据教学目标和教学内容选定教学方法，而实施教学过程的最终目的是实现教学目标。根据教学目标，教师对学生的综合职业能力进行教学评价，同时提供关于教学效果的反馈。行动导向教学过程必须符合其基本的教学原则。凡是符合行动导向教学原则的教学方法，都可以称之为行动导向教学模式下的教学方法。在实际教学过程中，教师应根据教学内容及教学目标，选用合适的教学方法。

2. 产学研合作教学模式

产学研合作教育简称产学研结合，国际上称为合作教育。它是指生产、教学、科研三者在形式上的结合与本质上的合作，是现代职业教育特别是高等现代职业教育的一种新的教学模式。

当前，我国产学研合作教学的运作模式主要有四种：一是校内产学研合作模式，即根据学生培养目标的需要而建立的与专业密切相关的产业、企业和工厂，并使之与教学、科研挂起钩来；二是双向联合体合作模式，即结合区域经济发展实际，依托当地主导产业办专业，依托专业办产业；三是多向联合体合作模式，即高职院校选择现代化程度比较高、与自己所设专业相同或相近的企业作为合作伙伴进行办学；四是以企业为本模式，即企业结合自身的产业类型，配套开办高职院校，设置针对性比较强的专业，培养适用性较强的人才。

产学研合作教学模式的核心是教育，主体是学生，目的是提高学生对社会生产的适应能力，基本特征是学校与企业合作培养学生，本质是教育学习与真实工作相结合。

四、现代职业教育教学的组织与管理

（一）现代职业教育教学的组织

现代职业教育教学的组织就是根据一定的教学思想、教学目的和教学内容及教学主客观条件组织安排教学活动的方式。现代职业教育教学活动中，任务教学、技能教学、项目教学和岗位教学是现代职业教育教学典型的教学活动，因而这里着重阐述一下如何对这些教学活动进行组织。

1. 任务教学的组织

任务教学过程包括任务描述、任务分析、完成任务和学习评价四个阶段，任务教学的组织可据此过程不同阶段的特点进行设计。

任务描述是对典型任务的描述，目的是让学生了解任务的背景、内容、要求。这里的要求包括时间、成本、安全等。为了让学生对将要完成的任务掌握的信息一致，教师可以采用班级教学的组织形式。

任务分析阶段是完成一项任务所需能力形成的第一个环节，这个环节对于培养学习者接受任务后形成分析的习惯、分析的思路及严谨的态度都是十分重要的。任务分析是以学生为主体，应用各种信息渠道获得有关信息，结合教材提供的相关知识，对完成任务的途径、方法、成本、时间等进行分析。为了培养学生的创新能力，学生可以根据自己可能获得的条件，选择各种不同的工具和手段，形成完成任务的方案。为了培养学生独立分析问题、解决问题的能力，在任务分析阶段，可以采用个别教学的组织形式。

完成任务是学生按照已形成的方案，按要求逐步实施，通过完成各个实施环节，形成独立完成任务的能力的重要环节。主要培养学习者工作的逻辑顺序、方法的运用、工具的操作、认真的态度等。在这一阶段仍然需要采用个别教学的组织形式。在学生个别学习的过程中，教师要注意原理的科学性和技术的安全性。

学习评价包括同学间对任务完成情况的评价和教师对学生完成情况和教学目标达成情况的综合评价，可以采取小组和班级两种教学组织形式完成。同学间的评价，为了节省时间，可以采用小组评价的方案进行；教师综合评价可采用班级教学组织形式。

2. 技能教学的组织

技能形成过程一般包括定向、模仿、整合和熟练四个阶段，技能教学的组织要根据技能形成阶段的特点进行设计。

技能的定向阶段是操作活动的气氛、节奏、姿势、动作等在学习者头脑中形成映像的过程。操作定向是操作技能形成过程中的一个重要环节，这个阶段的特点是时间短，但最为关键。准确的定向映象可以有效地调节实际的操作活动，缺乏定向映像的操作活动经常是盲目尝试，效率低下。因此，不应忽视该环节在操作技能形成过程中的作用。一旦定向出现了偏差，改正起来会十分困难。操作技能定向阶段的教学组织，一般采用个体或者小组教学的组织形式。在借助录像、动画或者图片等教学媒体时，也可采用班级教学的组织形式。

操作的模仿即实际再现出特定的动作方式或行为模式，实质是将头脑中形成的定向映象以外显的实际动作表现出来。模仿阶段要严格要求，不能出偏差，也不要贪眼前速度，而不顾定向所确立的操作规范。因此，模仿阶段教学时，强调学生的模仿操作不能离开教师的眼睛，在教学组织上一般采用小组教学组织形式，关键技能甚至要采用个体教学组织形式。

　　整合即把模仿阶段习得的动作固定下来，并使各动作成分相互结合，成为定型的、一体化的动作。它是操作技能形成过程中的关键环节，也是从模仿到熟练的一个过渡阶段，还为熟练活动方式的形成打下基础。整合阶段的教学组织不宜采用班级教学组织形式，但没有必要采用个体教学组织形式，小组教学组织形式是比较有效的。教师应主要关注每个人操作的连续性和规范性。

　　操作的熟练是操作技能最后形成的阶段，是由于操作活动方式的概括化、系统化而实现的。在这个阶段，由于学生的技能已经十分规范，不必关注每一个人的每一个动作，只需要关注学生整体的熟练程度。为了形成学生学习的竞争氛围，宜采用大班教学的组织形式。

　　3. 项目教学的组织

　　项目教学的开展，通常会经过项目开发动员、成立项目开发小组、编写项目开发计划书、实施项目计划书、项目评估、项目总结等阶段，在每一阶段需要采取有针对性的组织形式。

　　在开发现代职业教育课程的教学项目之前，教师需要积极动员学生参与到教学项目的开发过程之中，同时，要让学生对本教学项目的开发意义与流程、实现本教学项目所需具备的知识与技能、本教学项目完成后的考核办法等进行全面了解。对此，教师可以采用班级教学的形式，通过案例展示的办法让学生对本教学项目的相关内容进行认知，并进一步激发学生参与项目的兴趣及积极性。

　　在开发现代职业教育课程的教学项目时，教师除了要积极引导学生参与到项目开发之中外，还要成立科学的教学项目开发小组。在成立教学项目开发小组时，要充分依据班级的人数、教学项目实现的难易、教师的实际教学水平、学生的个人能力发展状况等。同时，在每一个项目开发小组中要选出一名组长，负责在教师指导下对本小组的项目开发计划书进行编写、对本小组成员的工作任务进行分配、对工作任务实施情况进行监督等。

形式上是小组教学，实际上为了培养项目组长的领导、组织、沟通能力，培养承担不同角色的项目组组员的能力，教师应采用个别教学组织形式，针对学生扮演的角色进行个别性教学指导。

项目计划书的编制，需要教师讲解项目计划书的格式、内容、编制方法等。这属于信息传递和知识学习，为了提高教学效率，教师应采用班级教学组织形式和讲授教学法。

项目实施阶段是项目教学法实施的核心环节。在此阶段，教师要及时恰当地对学生进行指导，解决学生遇到的难题，并督促学生按时按量完成项目计划书中的各个开发环节，以保证学生能够顺利地在计划内完成项目的开发，达到教学目标。为了培养学生团队意识、合作能力，教师不宜采用针对个别学生的个别教学组织形式，可采用针对项目小组的个别教学组织形式，这一点与任务教学组织中完成任务阶段教学的组织形式是相反的。

项目完成后要进行项目评估和总结，通常由分组讲解、展示项目开发成果，学生评价和老师评价构成。项目总结包括思路总结和技巧总结。思路总结可以帮助学生明晰项目完成的最佳思考方法，找到自己理论上的不足。技巧总结中，要重视各个开发环节中遇到的难题的解决方法的总结，这样，学生才能学到更多的操作技巧，全面吸收整个项目活动的精髓。另外，教师应该指导学生对项目进行拓展和延伸，针对学生以后可能遇到的类似问题能够想到用该知识进行解决。这里，无论是小组展示、学生的评价、教师的评价，还是项目总结都应采用班级教学的组织形式。

4. 岗位教学的组织

岗位教学一般称作岗位实训，它是学生系统了解企业生产过程、理解企业生产制度、把握职业岗位职责、理解企业劳动制度、熟悉设备的功能与性能及掌握设备操作规程的有效手段。其过程一般包括明确岗位实训目标、系统理解职业岗位、履行岗位职责和形成良好的职业习惯。在对岗位教学进行组织时，可以运用以下三种组织形式。

第一，工业中心教学组织形式。工业中心、实训车间、教学工厂等，都是通过建设一些车间，将一些典型的工作岗位集中到一起，从而形成巨大的岗位教学资源。学生根据自己的时间安排和需要，经教授自己课程的教师同意后，到工业中心领取工装、工具、材料和必要的安全装备，到岗位自行进行训练。

第二，影子岗教学组织形式。在企业挑选典型岗位的优秀工作人员，将学生安排到优秀工作人员身边，像他们的影子一样，通过协助做他们每天工作，学习他们的优秀职业特质。这是一种十分有效地培养高级技能型人才的教学组织形式。

第三，工作岛教学组织形式。在企业选择一些典型工作岗位，由师傅、教师和学生组成工作小组，负责这个岗位的工作，这便是工作岛教学组织形式。在这种教学组织形式中，师傅在教师和学生的辅助下完成工作任务；教师在师傅的帮助下完成教学任务；学生通过工作完成学习任务。学生进入工作岛学习的前提是其已完成了技能学习、任务学习和项目学习，具备了上岗学习的能力。

（二）现代职业教育教学的管理

1. 现代职业教育教学的课堂管理

课堂是学校最基本的教学单位，学校要完成的教育教学工作都要通过课堂去实现。因此，在开展现代职业教育教学管理工作时，必须做好课堂管理工作。现代职业教育教学课堂管理是一种协调和控制的过程，是管理的一种特殊形式，是指教师在教学活动中有目的、有组织地通过协调课堂内各种人际关系，吸引学生参与课堂活动，使课堂情境达到最优化，从而实现预定教学目标的过程。

（1）现代职业教育教学课堂管理的目标。现代职业教育教学课堂管理的目标有以下三个。

第一，既要确保有更多的时间用于知识学习，又要保证课堂学习时间的有效使用。

第二，确保有更多的学生投入学习活动。

第三，培养学生学会自我管理，即使学生能良好管理自己的学习、情绪和行为。

（2）现代职业教育教学课堂管理的策略。有效的现代职业教育教学课堂管理可以调动学生的学习积极性，引导学生投入到学习情境中。因此，教师在开展现代职业教育教学的过程中需要采取以下有效的策略。

1）明察秋毫。明察秋毫就是指教师使学生知道，他注意到了课堂里发生的每一件事，没有漏掉任何一件事。善于"明察秋毫"的教师会尽量避免被少数几个学生吸引或只与他们交流。他们总是扫视教室，与每个学生保持目光接触。这样，学生就会知道他们一直在受到教师关注。这些教师知道是谁在捣乱，甚至在板书时也能意识到身背后发生的事情。他们能预防小面积的捣乱慢慢演变成大面积的混乱，并且能准确地处理当事者，不会犯时机错误（等很长时间才进行干预）或目标错误（谴责错了其他学生，让真正的肇事者"逍遥法外"）。

2）变换管理。变换管理是指教师采取适当而灵活的进度并多样化变换。有效的教师在课堂教学中能够避免教学内容或教学环节的突然过渡，他在处理各个教学环节方面表现得灵活而不生硬。例如，教师不会在赢得学生注意之前就宣布一个新的活动，或者在另一个活动中间开始一个新的活动。有效的教师会通过各种方式，如表情、手势、语气、走动、言语等引导学生的注意力，以完成新任务。

3）一心多用。一心多用指同时跟踪和监督几个活动。这一方面的成功，同样也需要教师不断地监控全班。例如，当教师不得不检查个别学生的作业时，还关照到其他的学生，并督促他们继续学习，使他们不因教师去检查别人的作业而自己装样子、开小差，仍然维持在学习的状态。一心多用要求教师不仅考虑自己的活动，还要关注学生的反应和正在进行的活动。

4）整体关注。整体关注是指教师使尽量多的学生投入适当的班级活动中。在课堂上，教师应避免把注意力集中在一两个学生身上，要尽可能使所有的学生都有事可做。例如，教师可以要求每个学生写出某个问题的答案，教师在班上走动，了解所有学生对知识的理解和运用。

2. 现代职业教育教学的质量管理

为国家经济社会发展培养高素质的技术应用型人才是职业院校的最根本任务，人才培养的质量关系到职业院校的生存发展，也关系到国家经济社会发展能否得到有力的技术人才支持，而教学质量是决定职业院校人才培养质量的最关键因素。因此，在现代职业教育人才培养工作中，教学质量管理工作具有非常重要的意义。

（1）现代职业教育教学质量管理的原则

在开展现代职业教育教学质量管理工作时，应切实遵循以下四个原则。

1）内外结合原则。实践表明，仅靠职业院校的师资、实物等办学资源，依靠书本知识学习，是难以培养职教学生的实用技能和技术应用能力的。要实现现代职业教育的培养目标，职业院校必须实行开门办学，开展校企合作，将企业的人力资源和设备资源充分应用到人才培养的过程之中。教学不仅局限在学校的教室，也可以到企业的车间去；教学的老师不单是学校的专任教师，还应该有企业生产一线的技术能手。同时，现代职业教育教学质量的提高离不开学生包括毕业生对教学工作的建议和意见，离不开家长和社会各界的积极配合。可见，只有学校、在校学生和用人单位、毕业生、家长、社会各界内外两方面一起努力，才能造就一大批具有良好职业道德、创新精神和实践能力的高素质技能型人才。因此，现代职业教育的教学质量管理应该建立以学校和在校学生为主体的内部管理系统，同时，还应建立以用人单位、毕业生为主体，家长和社会各界参与的外部支持系统，双管齐下，推动现代职业教育教学质量的不断提高。

2）参与性原则。在开展现代职业教育教学质量管理工作时，教学质量管理部门必须充分调动相关部门和人员的积极性和创造性，并将质量责任落实到每一位教师和员工身上，使大家都参与到人才培养和教学质量管理中来。全员参与是指提高教学质量所涉及的学校内部、外部人员和学校各级管理组织都要参与到教学质量管理过程中来。学校要通过加强宣传，建立健全制度，使各个部门、教学的各个环节，以及每个成员都增强质量意识，围绕着培养高素质专门技能型人才这个共同目标，积极参与，严格把好各自的质量关，这样才能提高教学质量，提高人才培养质量。

3）创新性原则。现代职业教育是与社会经济发展联系最为紧密的一种教育类型，而在现代社会，产业行业结构和技术结构的调整速度之快可谓空前。社会经济结构的变化必然使现代职业教育的政策环境、劳动力市场和办学条件发生变化，这必将带来现代职业教育专业结构、人才培养模式和目标、教学内容等方面的变化，相应地，教学质量管理的模式和方法就需要改革创新。

4）就业导向性原则。以服务为宗旨，以就业为导向是我国现代职业教育发展的大方向。现代职业教育在很大程度上就是一种就业教育，"使无业者有业，使有业者乐业"应该是现代职业教育的最终目标。毕业生就业率是现代职业教育教学质量的最终体现。因此，职业院校在教学质量管理中要关注区域经济发展的要求，根据各专业人才培养规模变化、就业状况和供求情况，主动适应区域、行业经济和社会发展的需要，根据学校的办学条件，调控与优化专业结构布局，创新培养模式；要积极与行业企业合作开发课程，根据技术领域和职业岗位（群）的任职要求，参照相关的职业资格标准，改革课程体系和教学内容。此外，要建立突出职业能力培养的课程标准，规范课程教学的基本要求，提高课程教学质量；改革教学方法和手段，融"教、学、做"为一体，强化学生能力的培养，提高毕业生质量，努力实现高就业率。

（2）现代职业教育教学质量管理的内容

现代职业教育教学质量管理，包括以下四个方面的内容。

第一，教师教学工作质量管理，包括师德师风、现代职业教育观念、教学效果、教研能力等方面的状况。

第二，学生学习质量管理，包括学生的思想道德水平、公共文化基础、专业知识和技能及自我学习、与人交往、心理调适等方面的状况。

第三，教学资源质量管理，包括教室、实训场地和设备、教材、图书资料等满足教学需要的状况。

第四，教学组织和管理质量管理，包括人才培养方案、课程标准、课程安排表的科学性；课堂教学和实践教学环节的组织和管理的科学性；教学评价的组织和管理的科学性、有效性等。

第五章　现代职业教育的师资队伍建设及教评体系构建

第一节　现代职业教育师资队伍的建设

随着知识更新速度的加快和学校专业设置的日渐增多，越来越多的职业教师感受到了终身学习的必要性，开始通过参加一系列的在职培训和学习项目来提升自身的知识储备、教学技能和科研创新能力。

一、现代职业教育教师的角色与压力

（一）现代职业教育教师的角色

1. 对以往教师角色的反思

教师作为人类社会中最古老的职业之一，在整个社会发展过程中扮演着承前启后的重要角色。他们被誉为"春蚕""蜡烛""人梯""铺路石""园丁""托起太阳的人""人类灵魂的工程师"等。然而，这些传统的教师角色隐喻更多地强调了教师职业的外在价值和社会功能，关注了社会对教师职业的工具性价值需求，而忽视了教师内在的自身发展需求，如教师自我专业知识、技能和职业素养的提升，以及自身生命质量的价值、

感受等。因此，教师本人难以感受到从事这一职业带来的尊严与快乐。仅认识到教师职业角色的外在工具价值，并不能成为教师职业发展的内在动力。

通过"园丁""工程师"等隐喻，还可以感受到传统的教师角色让教师在学生面前不自觉地扮演着主动者、权威者、支配者的角色，而学生则成为被动的学习者和服从者。在这种环境下，学生很难拥有自主权，个性迥异的学生们的问题意识和创新意识受到压抑。他们无法与教师在平等的基础上进行交流和对话，更无法充分发挥自己的潜能，生动活泼地发展自己的个性。

因此，在对传统教师职业角色进行反思的基础上，有必要重建新型的教师职业角色。

2. 新型教师角色的重建

新时期理想的教师应该扮演以下四种角色。

（1）民主型的组织者。随着现代科技的进步，教师在知识领域的权威地位逐渐减弱，网络教学的普及使得学生获取知识的途径变得更加多样化。职业院校的学生对新信息非常敏感，但对学习的参与热情不高，学习动机较弱。因此，职业院校的教师需要审视自己的经验，成为一个民主型的组织者，承担起激发学生学习动机、促进班级活动与课堂教学、指导学生进行学习活动、使学习深入等新型责任。同时，教师应给予学生充分的自主权，让学生去探索、去实践，为学生创造一个广阔的发展空间。

（2）学生个性发展的促进者。许多职业院校的学生在学习成绩、道德素质等方面都有待提高。特别是一些家长将难以管教和约束的子女送到学校，希望学校能在培养他们的子女掌握一技之长的同时，优化孩子的个性品质，让孩子在学校里经过教育和学习能够从一个"失败者"转变成一个"成功者"走向社会。与其他类型的学校，尤其是高校相比，职业院校教师所承担的责任更为重大，在教学过程中要关注学生的情感、态度、价值观等，全面促进学生的个性发展。

（3）学生学习的协作者。建构主义学习理论认为，协作学习在知识意义的建构中起着关键作用。现代职业教育注重培养学生的实际动手能力，以"做中学"为特色，因此更加强调学生之间、师生之间的协作交流，以及学生与教学内容和教学媒体之间的互动。有效地组织协作是建构主义教学的关键因素。在学生完成指定学习任务后，教师可以根据不同的教学目标，根据学生的能力和个性差异将他们分成若干学习小组，采用多种不同的协作方式，要求他们共同合作完成任务。在这个过程中，教师也要参与学生的小组讨论，给予指导、帮助和评价。

（4）教育教学发展中的反思者和研究者。为了适应社会需求的变化，职业院校所设置的专业往往更新较快，这导致教材教法缺乏。因此，为了保证教育教学的质量，需要对教学内容进行深入研究。职业院校学生作为基础教育中的特殊群体，心理困惑和冲突相对于普高生和高中生更为突出。现代职业教育作为一种开放式教育，学生是否愿意上学完全取决于个人意愿，国家没有法律约束，学校也没有约束力。因此，职业院校学生厌学甚至流失现象非常普遍。教师有必要对学生问题进行研究，反思自己的教育教学方法，以寻找合适的对策。

3. 教师的角色冲突

除了教师职业对教师所要承担的角色进行规范外，社会还对作为"社会人"的教师提出了角色期望。社会对教师提出较高的多重角色期望，如教师要成为社会的代言人、成为好父母和好子女等。而建立于"人民教师"基础上的角色定位，让教师承担着"学生的表率""公民的模范"之类的角色压力。这些社会角色和教师的职业角色融合在一起，构成了教师的角色集合。这个集合中，各种角色之间既有交叉，又相对独立，教师要在这纷繁复杂的角色之间进行转换。当外界的变革加重这种角色压力，而教师在短期内又无法迅速调整时，就会出现角色冲突。

（1）多种角色同时提出要求产生的冲突。现在的学生生活在大众传播媒介迅速发展的时代，这些大众传媒以其内容丰富、形式多样、传递迅速、生动形象等特点，传播着各种知识、规范及行为方式。学生常常以自己得到的新信息嘲笑教师所传授的旧知识，这种状况在一定程度上改变了教师与学生在知识占有上的地位关系，动摇了教师的知识权威地位，迫使教师不断汲取新知识。而许多教师因为时间的压力处于知识传授者与知识汲取者的冲突中。此外，每一名教师必须承担两种角色：学校管理最低层次的教师和担任班级管理最高领导的教师。这两种角色集于一身往往造成扮演者的心理冲突。学校的各项制度、政策、规定都要靠班级管理者——教师进行传达和贯彻，然而学校的政策规定与学生意愿之间常常发生矛盾。

（2）多种角色行为规范互不相容产生的角色冲突。在教师的社会角色中，他作为社会代言人往往以社会的价值观进行判断。而在教师的职业角色中，他又是家长的代理人，要求教师站在学生家长的角度看问题。管理者与朋友的冲突也存在于教师身上，管理者往往具有一定的权威，而教师作为学生的朋友是以公务情感为基础的朋友。对于很多教师来说，很难同时扮演好这两种角色。

（3）单一角色内部的冲突。面对心理和行为问题都比较突出的职业院校学生，教师要关注他们的个性健康发展，社会和职业常希望教师能成为学生的心理辅导者，但是在这一角色上，教师有着太多的冲突：一是时间紧；二是学生多；三是教师缺乏心理辅导的知识和技能；四是教师自身存在各种各样的心理问题。

（二）现代职业教育教师的压力

职业院校教师的职业压力主要源于以下三个方面。

1. 学生的不良行为

职业院校的学生主要有四类：一是学业基础差，有学习意识但自信心弱；二是喜欢动手钻研，对技能操作感兴趣；三是染有不良习惯，被家长"托管"在职校混天度日；四是对学习根本不感兴趣，只为混文凭。学生中有一半的人不爱学习，有一部分想学但底子太薄，还有一部分只对技能操作感兴趣，对理论学习不感兴趣。由此可见，职业院校的学习氛围非常淡薄，教师很难体验到工作的乐趣，难以体验到为人师者应该得到的尊重，工作热情受到极大打击。再有一些学生染有不良的行为习惯，给学生管理工作带来了极大的压力。特别是寄宿制学校班主任从早到晚地忙于纪律、卫生、安全等，唯恐学生发生问题，曾有一位女教师自从担任班主任后，长期是不该睡觉时想睡觉，该睡觉时睡不着。但是千虑仍有一失，学生抽烟、酗酒、早恋、沉迷网吧、夜不归宿、打架斗殴等行为仍时有发生。这些不仅让学管人员整日提心吊胆，也让任课教师丧失了信心。

2. 学校生存的压力

由于普高热、学历需求盲目趋高等原因，许多中等职业学校面临着"就业难，生源减少"的困境。而毕业生一旦就不了业或学校招不来学生，学校就面临倒闭。不少学校将招生任务分配到每个教师的头上，并且与教师的工资、奖金、职称评定挂钩，招生艰难也给教师带来很大的压力。

3. 自我发展的压力

随着科技的发展与市场的变化，学校的学科设置也在发生变化。这就要求教师改换专业或是加深专业知识技能，需要教师再深入系统地学习，否则可能就面临被淘汰的危险。但学校一般又不愿让教师离岗进修，教师只能自己平日加班加点，一边教课，一边学习新知识，或是利用假期进修，工作压力、精神压力都让人难以承受。

此外，人际关系、角色冲突、教育改革等也都构成了职业院校教师的压力来源，当教师长期处于高水平的职业压力下，却无法有效解决的时候，就会产生职业倦怠感。所谓职业倦怠，是一种源于工作压力而产生的情绪衰竭、态度消极、行为消沉的不良心理适应状态。处于职业倦怠期的个体，情感处于极度疲劳状态，工作热情丧失；以消极、否定、麻木不仁的态度对待自己的同事或学生；出现较强的自卑感和失败感，消极评价自己工作的意义与价值，工作效能感降低。

二、现代职业教育教师的职业能力与素质要求

（一）现代职业教育教师的职业能力

1. 教学设计和调控能力

教学是教师的基本职责，是其最主要的工作。教学能力是指教师组织和实施教学的能力，是现代职业教育教师的基本能力，包括加工教育影响的能力和对教育影响进行有效传导的能力，以及较强的组织管理能力。现代职业教育的课程体系是根据岗位或岗位群所需能力来设计的，教师要有能力根据实际需要设计和调整教学。

在现代职业教育过程中，能对学生造成影响的因素很多，但是需要注意，并非所有的影响因素都是具有教育价值的。因此，现代职业教育教师在教学实践中，要具有对这些影响因素进行辨别和加工的能力，找到有教育价值的影响，对学生进行最恰当的培养。教师对教育影响和教育信息进行加工之后，要想被学生很好地接受和掌握，必须经过合理有效的传导。因此，现代职业教育教师在进行教学的时候，要充分地运用语言和非语言的表达能力将各种教育影响正确地传达出来。

除此之外，现代职业教育教师面对的是一群学生，所以，还需要有一定的组织管理能力，包括确定班级目标和计划的能力，组织教学、实

习的能力，做好思想政治教育工作的能力，开展各种校内外活动的能力，尤其是要掌握一些企业管理知识，培养较强的组织管理生产实习教学工作的能力。只有联系生产实际进行教学，才能让学生对企业的生产管理有所了解，这样可以极大地增强学生毕业后对于社会和岗位的适应能力。

2. 实践教学能力

实践教学能力是"双师型"素质教师的核心能力，现代职业教育的办学目标主要是以社会需求为主，其导向是就业，主要培养高素质的技能型专门人才，这些人才都是生产、建设、管理等一线非常需要的人才。现代职业教育对校企合作和工学结合的办学模式非常推崇，特别重视第二课堂和第三课堂的教学。这对现代职业教育的教师提出了新的要求，他们不能再像以前那样按照传统的"理论＋实验"的教学模式进行教学，而是要积极实施项目驱动、任务引导的教学方法，模拟企业现场环境，大力推广实训教学。因此，现代职业教育教师必须具备可以熟练运用本学科知识解决实际问题的能力，只有这样，他们才能培养出合格的可以满足社会需求的技术应用型人才。

综上可知，实践教学能力也是现代职业教育教师应该具备的一项重要职能，可以分为两个方面：第一，这种能力是针对教师本身而言的，教师只有获得一定的专业资格，才能进行教学实践，获得这种资格就是使其可以将本身具备的知识应用于实践的能力；第二，教师这种能力的发挥要体现在学生身上，必须教给学生，教师的实践能力才算有用。

现代职业教育教师活动的基本环境包括班级、职业院校和企业，这是与其他教育明显不同的地方。教师不仅在课堂上给学生上课，而且经常带学生到企业生产一线进行实习、实训；或者由于生产工艺的需要，一个班集体又要分成几个小组开展活动，这一切都给教师的管理带来难度，客观上要求教师应具备较强的组织管理能力和协调能力。良好的管理和组织协调能力是推动教学、增强教学效果的润滑剂。

3. 教学转移能力

现代职业教育有区域性的特点，其专业设置必须适应地方经济和社会发展的需要，具有较大的灵活性。因此，现代职业教育教师必须具备专业教学任务转移的能力，当专业设置体系发生变动时，能够顺利地实现从原来所教授的专业课程转移到新设专业或相邻专业课程上来，尽快胜任新的教学工作，真正实现职教师资一专多能的目标。

4. 科研能力

职业院校的科研活动主要是教学科研、新技术推广、设备改造、技术革新等活动。现代职业教育教师要具有教育教学理论研究能力，主持、参与专业教学改革，用教育教学理论指导教学。现代科学技术的发展促进各学科间不断相互交叉、渗透并产生新学科；新技术不断出现，产业结构不断调整，引起新的职业不断产生，旧的职业逐步改造乃至消亡，引起社会职业结构的调整和重组。现代职业教育教师要通过科技项目开发，掌握新思想、新技术和新方法，提高学术水平，促进产学紧密结合，以科研促进教学，以教学带动科研，在教学中发现问题，在研究中解决问题；也要从职业变动中，开发设计新的职业课程。

因此，现代职业教育教师不仅要成为一名教书育人的合格教师，还要成为既具有实践教学能力，又具备专业理论知识的教学科研人员。

（二）现代职业教育教师的素质要求

现代职业教育教师的素质结构是指现代职业教育教师所具备的各项素质要求，以及它们之间稳定的联系方式。现代职业教育的教师要想使自己在工作中发挥出最好水平，必须具备以下各项素质。

1. 思想道德素质

思想道德素质是现代职业教育教师整体素质的核心内容，也是其工作的精神支柱。它决定着教师职业活动的方向和态度，影响着教师文化专业素质的发挥，并且直接关系到学生政治思想品德的形成。

（1）优良的思想素质。在我国，现代职业教育教师应当具有坚定的共产主义信念和强烈的爱国热情，成为党的教育方针政策的积极拥护者和坚定执行者。因此，现代职业教育教师必须认真学习党的基本路线、方针政策，不断提高自己的思想政治和政策水平；自觉地运用辩证唯物主义和历史唯物主义的世界观和方法论，认识和掌握人类社会发展的客观规律，热情地传播并勇敢地捍卫真理，推动社会进步。

（2）崇高的职业道德。教师的职业道德简称师德，一般是指教师在教育活动中必须履行的行为准则和规范，是一个教师对社会和受教育者所承担的道德责任和义务。教师的职业道德是一种强有力的教育因素和教育手段，它制约着教育目标的实现和教育事业的发展。具体表现为：热爱职教，爱岗敬业；尊重学生，严而有爱；尊重同事，团结协作；以身作则，为人师表。

2. 文化专业素质

连接教师和学生的一条重要纽带就是知识，现代职业教育教师的文化专业素质会对其教学过程产生极为重要的影响。具体而言，现代职业教育教师在文化专业素质方面的要求有以下三点。

（1）广博的文化基础知识。在知识体系中，文化基础知识是最为稳定和持久的一个部分，是所有知识的基础。对于现代职业教育的教师而言，拥有广博的文化基础知识是必要的，而广博的文化基础知识除了包括与其专业相关的自然科学之外，还包括社会科学知识和哲学人文方面的知识。

（2）扎实的专业知识与精湛的技术技能。现代职业教育专业教师一般都是"双师型"教师。首先，教师应该对本专业的理论知识非常精通，对其专业的历史渊源、现在的发展状况及未来的发展趋势都要非常熟悉。其次，随着职业的不断变化，教育职业的专业设置也在不断调整。所以，现代职业教育教师还要对本专业的技术技能有所掌握，培养自身较强的实践动手能力，而且要树立终身学习的观念，不断地学习新的知识和新的技术，这样才能满足现代职业教育培养兼有专业理论与操作技能的人才的需要。

（3）较强的解决生产实际问题的能力。现代职业教育有一个非常明显的特征，那就是它与生产活动是紧密联系的，教师在这个联系过程中要起到连接教育和生产的作用，所以，现代职业教育教师应该拥有一定的生产经验和解决一些生产实际问题的能力。然后，随着社会主义市场经济体制的不断完善，现代职业教育教师还需要具有一定的市场经济意识和经营管理能力。只有做到这些，现代职业教育教师才可以更好地适应社会的发展。

3. 教学科研素质

教学和科研对于现代职业教育教师的重要性就像翅膀对于鸟儿一样，教学和科研要相互配合。现代职业教育教师要具备一定的教学科研素质，主要包括以下两个方面的内容。

（1）高超的教学能力。作为教育者，教师的教学能力主要在教书育人的教学行为上得到体现，教师的教学行为是对其教学水平的直接体现。现代职业教育教师需要具备的教学能力主要包括对教学信息进行加工的能力、对教学信息进行传导的能力、组织管理能力等。

（2）基本的教育科研素养。现代职业教育科学研究是一种以科学理论为指导，运用科学研究方法，揭示现代职业教育规律，解决现代职业教育发展中存在的问题的活动。从教育科学理论体系的创建和发展与教育实践所存在的密切联系来看，首先，教育实践是教育科学理论发展的直接动力和源泉；其次，教学理论的科学性和可行性又对教育实践的检验有所依赖。所以，只有从事教育实践的人，才拥有促进教育理论丰富和发展的条件。教育实践的主体是现代职业教育教师，他们是最容易发现现代职业教育中的问题的人。具备良好教育科研素质的教师不仅对于教育科学的繁荣有所助益，而且有利于改善教育教学质量。

三、现代职业教育教师的专业化发展

（一）现代职业教育教师专业化发展的含义

现代职业教育教师专业化是指现代职业教育教师职业具有自己独特的职业要求和职业条件，有专门的培养制度和管理制度。现代职业教育教师专业化的基本含义包括以下四个方面。

（1）教师专业既包括学科专业性，也包括教育专业性。国家对教师任职既有规定的学历标准，也有必要的教育知识、教育能力和职业道德的要求。

（2）国家有教师教育的专门机构、专门教育内容和措施。

（3）国家有对教师资格和教师教育机构的认定制度和管理制度。

（4）教师专业发展是一个持续不断的过程，教师专业化也是一个发展的概念，既是一种状态，又是一个不断深化的过程。

（二）现代职业教育教师专业化发展的主要措施

应根据各职业院校教师队伍的实际情况，建立教师梯队，强调分层管理，对不同层次的教师提出不同的要求，实施不同的培养措施，从而使每一位教师的专业水平，都能够在原有基础上得到不同程度的提高，为形成专业化教师群体奠定基础。

1. 立足教师个人发展，制订每个教师的个人发展计划

教师依据自身情况和专业化成长的需要，制订专业化发展计划，可以从以下三方面入手。

（1）正确定位。教师的个性不同、环境不同、所受的教育不同，使得教师的价值观、教育观、思想方法具有明显的差异性。因此，在专业发展上，同样要体现以人为本的思想，不搞一刀切。教师要为自己正确定位，专业发展的方向必须因人而异；如果强人所难，只能事倍功半，或者是捡了芝麻，丢了西瓜。

（2）不断学习。在知识经济时代与信息社会，知识更新周期大幅缩短，教师是教育的思想者、研究者、实践者、创新者和需要不断发展的专业工作者。作为传播知识的使者，面对着知识的快速发展，科学技术的日益进步，教师不仅钻研精深的专业知识，领略前瞻的教学思想，还要涉猎社会自然百科，不自封，不自傲，终身学习，变"一桶水"为"长流水"。每个教师都要确立终身学习、全程学习和团体学习的观念，做到工作学习化、学习工作化。

（3）积极探索。学生不缺理想，不乏智慧，不少计划，但大多数人之所以不能成为各行各业的专家，恐怕最缺乏的是踏踏实实的行动。实践的过程是漫长的，可能还充满着困难与挫折，甚至伴随着痛苦与折磨，所以要有百折不挠的精神；实践的过程是寂寞的，没有轻松浪漫，没有掌声鼓励，所以要耐得住寂寞，经得起考验。

职业院校根据教师确定的目标和措施，有针对性地把握全校教师的整体发展方向，然后将学校确定的培训目标与教师个人申报相结合，确定骨干教师梯队各级目标对象，进行培养。

2. 注重校本培训，关注教师的实际需求

职业院校通过制定和下发《教师专业化发展学习培训需求调查表》，征求和收集教师的建议，积累校本培训的第一手资料，为确定校本培训工

作的内容和形式提供依据。对教师进行校本培训，是职业院校促进教师专业化发展的一项重要工作。在内容上，职业院校要根据教师在专业知识与技能方面的弱势，将校本培训与教师的实际需求相结合；在形式上，将校本培训与建设教师梯队的需要紧密结合，分层培训，采取专家培训和自我培训相结合，走出去与请进来相结合，使不同层次的教师得到不同程度的提高。

3. 为梯队各级教师搭建展示的舞台

构建梯队的最终目的是建设优秀教师群体，促进教师专业化发展，在这个群体出现的过程中，职业院校为不同层次的教师提供不同的展示空间，通过让骨干教师多做展示课、指导课，结合自身特长举办讲座等活动，使不同层次教师的特长得到展示，从而达到互相交流、共同提高的目的。

4. 创造条件让教师在实践中锻炼和学习

职业院校的教师更强调实践动手能力，鼓励教师去做。这里的"做"不是传统意义上的教学行动，而是以研究的态度去做，去实践。研究教学课程，研究教学策略，研究技能，更要研究学生，研究他们的心理、学习状态、个性及其转化矫正的方法。在研究型的教育实践中，提升自己的教育教学能力，练就娴熟的教学技艺和实际操作技能，形成适合自己个性特征的教学风格和模式。

（三）现代职业教育教师专业化发展的实施

现代职业教育教师的专业化发展，应包括个人层面和组织层面的发展。

1. 教师个人层面的专业化发展

教育是一个使教育者和受教育者都变得更完善的职业，而且，只有当教育者自觉地完善自己时，才能更有利于学生的完善与发展。因此，教师要终身学习、终身发展，不断更新、演进和丰富自己的素质结构，实现自我超越和可持续发展，才能很好地完成教书育人的重任。

（1）制定职业规划，明确发展方向，做到个体有目标、学校抓落实。职业教师专业化发展主要体现在教学专业与教育专业两大方面。

1）教学专业方面。首先是专业知识，即与所任教学科相关的专业知识。一方面要巩固以前所学的专业知识，另一方面要不断更新已学的专业知识，使之能跟上时代的步伐。

其次是专业能力，教师不但要发展教学专业知识，更要发展教学专业能力。没有教学专业能力，就没有上课的完善；没有教学专业技能，就没有辅导的完美。换句话说，要想教学日臻完善，就必须发展教学专业能力。

2）教育专业方面。教育的专业发展包括四点。第一，专业理想。教师为什么样的目标去奋斗，为什么样的梦想去拼搏，应该当一个什么层次的教师，做一个什么品位的教师。第二，专业思想。教师都必须产生自己的教育专业理念，形成自己的教育专业思想，而且还必须不断更新自己的教育专业理念，发展自己的教育专业思想。第三，专业品格。为了教书育人，教师必须不断探索，不断创新；为了为人师表，教师必须加强自我修养，提升自身品行。第四，专业智慧。教育是一门科学，科学需要智慧。所以，教育需要智慧。智慧来自先进的教育理论，源于坚实的教育实践，源自先进的教育理论与坚实的教育实践的融合。

（2）教师要主动到企业锻炼。新的技术、新的工艺，最先是在企业中使用，从企业到职业院校，走进课堂这个过程往往是很漫长的。书本上所谓的新技术、新工艺，在企业里，在生产过程中，往往已经不是新的了，甚至是过去时了。因此，很多书本上的知识是滞后的知识。所以，技术的更新、工艺的改变，只有到企业去，才能了解到。这些在职业院校、在实验（训）室里是无法了解和掌握的。

教师要想尽快掌握最新的知识、最新的技术，只有到企业去，在生产一线中，学习最新的技术、最新的知识，通过在生产过程的锻炼掌握最新的术，提高自己的技能，提高工艺水平。教师在不影响正常教学的前提下，可以自己联系企业，也可由职业院校联系企业，多到企业去学习、锻炼。这对于提高自己的技能，了解行业发展等有直接的推动作用。

由于每一次到企业的时间都是有限的，教师要带着问题到企业去，制订好实践锻炼的计划。做到有的放矢，目的明确，重点突出，充分利用好时间和机会。

（3）教师要主动到实验（训）室工作。教师要主动到实验（训）室工作，在完成教学（理论或实训教学）后，还应该多到实验（训）室去操作，训练自己的技能，精益求精，不断提高自己的技能，把理论知识应用到实践中去。

教师大多是从职业院校毕业后直接来到职业院校工作的，理论水平确实不错，但是，由于没有经历过生产的磨炼，往往技能欠缺，技术不熟练。即使是在企业工作过的教师，由于离开生产一线后，技艺开始生疏，也需要经常到实验（训）室温习，经常操作设备，保持较好的技能水平。更何况新技术、新工艺不断出现，也需要教师不断学习，研究新的工艺。职业院校的实验（训）室是教师提高技能的好地方，教师在完成教学任务后，还要在实验（训）室里花费大量的时间，用以提高自己的技能。

（4）主动学习相关知识，扩大自己的知识面。现代职业教育的性质决定了现代职业教育教师既要有精深的专业知识，又要有广博的文化科学知识。只有具备了深而广的知识储存，教师才能视野开阔、才思敏捷，讲起课来才能左右逢源、游刃有余。因而，对于专业知识，教师不能仅限于一般性的达到教学大纲中所规定的知识水平，教师的知识应该比教学大纲有更宽的范围和更深的深度，才能在教学过程中把自己的注意力主要投放到学生的思维过程及思维中遇到的困难上，而不是集中在所讲授的知识本身；才能做到把握全局，唤起兴趣，使教学不再是生硬的知识灌输，而是诉诸学生的理智和心灵，这才是教育职能的核心所在。

（5）综合素质的培养。综合素质是一种难以测量、非数据化的一种综合的东西，不是通过程序化的学习就能轻易掌握的，它是把各种知识通过有目的的实践行为冶炼成的一种能力。综合素质是知识积淀和内化的结果，是一种相对稳定的心理品质，具有理性的特征；同时，它又是潜在的，是通过外在形态（人的言行）来体现的。因此，综合素质相对持久地影响、左右着人对外界和自身的态度，即具有相对的稳定性。这种综合素质就是在敬业和知识基础上的综合能力与情商。

教师不能只关心自己的专业发展，而忽略社会的发展。除了要关注专业发展情况外，还要关注社会各方面的发展。具备一定哲学、历史、政治、经济等方面的知识；处处要注意教师的形象，为人师表需要优良的师德、完善的综合素质。

2. 组织层面的专业化发展

加强教师的职业培训，促进教师的专业化发展，既是现代职业教育自身发展的必然要求，也是职业院校提高教育教学质量的重要措施。因此，职业院校要根据教学的需要和要求，从实际出发，坚持立足国内、在职为主、形式多样、讲究实效的培训模式。

教育的过程本身也应是一个终身学习的过程，这就要求教师不能把大学毕业作为教育的终点，而应视为起点，以跟上时代的需要，不断充电，不断更新自己的知识储存，坚持以终身学习为目的，像海绵吸水一样，吸取人类文化和科学发展中一切优秀的东西，不能有丝毫的懈怠。

四、现代职业教育教师的培养与管理

（一）现代职业教育教师的培养

"双师型"教师是我国现代职业教育教师专业化发展过程的一个阶段性产物。目前，对现代职业教育教师的培养主要是向这个方向发展。

现代职业教育"双师型"教师的培养，应主要从观念的改变、师资的来源及制度的保障三个方面加以把握。

1. 转变观念，提高认识

首先，教师自身应积极转变观念，积极主动争取成为"双师型"教师。目前，高职院校教师自身的观念落后。一部分教师只是一心搞学术研究，认为理论知识的学习才是最重要的，不愿接触实践，不懂与时俱进。还有一部分教师仅重视技能，认为技能才是最重要的，他们不愿提高自己的理论知识水平，进而提高学历层次。因而，要更好地建设"双师型"教师队伍，教师自身首先要转变观念，统一思想，认识到成为"双师型"教师的重要性和必要性。高职院校的教师不但要拥有一般教师所具有的"传道、授业、解惑"的能力，还要拥有技术应用能力，并能把理论与实践相结合。打铁还需自身硬，"双师型"教师要想培养出综合素质较高的人才，自身先应具备多方面的素质和能力，提高自身综合能力。

其次，学校也要转变观念，校领导要加强对"双师型"教师队伍的认识。转变观念，提高认识，是加强"双师型"师资队伍建设的基础。目前，部分高职院校领导对"双师型"教师队伍建设的重要性认识不足，他们还没有充分认识到"双师型"师资队伍建设的必要性，也不重视"双师型"教师的培养。现代职业教育具有特殊性，不是具备一般意义上的教师素质能胜任的。因而，领导要转变观念，重视"双师型"教师队伍的建设，充分认识到"双师型"教师队伍建设的重要性，高职院校应把"双师型"教师培养纳入院校发展总体规划之中，确立相关制度，保障培养经费，制定一系列建设规划，树立全新的理念，充分调动教师发展的积极性。

2. 多种途径，加大建设"双师"力度

第一，在源头上对新进教师严格把关。目前，高职院校"双师型"教师培养的主要途径是在职教师培训，虽然这种方式时间短，见效快，但从长远来看，不能从根本上解决"双师型"教师队伍建设的问题。要想真正从根本上解决问题，那就要从源头上把好新进教师的入口关。要吸收那些已经具备现代职业教育教师素质并且经过一定的专业实践训练的"双师型"教师，充实到教师队伍中来，以提高教师队伍素质。

第二，培养与引进相结合，建立专兼职结合的"双师型"教师队伍。高职院校要对本校的专业课教师进行培训，加强教师专业技能和实践能力培养，以全面提升教师的技能。同时，为弥补高职院校教师短缺的现状，提高"双师型"教师的比例，要积极深入到企业单位，将那些既有一定理论水平，能够从事教学工作，又有熟练操作技能的能工巧匠充实到教师队伍中来做专职或兼职教师。这样的人才有丰富的经验和技能，能够快速成为"双师型"教师，这样不但能改善教师实践经验少、技能短缺的现状，还能对现有教师起到"传、帮、带"的作用。同时，专职教师也可以帮助和引导他们，提高他们的授课技巧。这样培养与引进相结合，互相帮助，取长补短，就能逐步建设一支教学水平高、实践能力强、专兼职相结合的"双师型"师资队伍。

第三，建立产学研一体化的交流机制。产学研相结合是一个促进知识相互扩散、相互集成，进而推动知识创造的过程。"产"为知识创造提供了实践锻炼和应用的场所，"学"为知识创造提供了不断更新的途径，而"研"则为知识创造提供了动力。通过产学研相结合，可不断地创造出新知识、新技术，又能使这些知识和技能得到实践的检验，保证知识的不断形成和积累。

第四，实行高校与企业联合办学。调动企业参与"双师型"教师培养的积极性，实行高校和企业联合办学，是高职院校"双师型"教师队伍建设发展的必然结果。通过联合办学，学校可以依托企业改善自身实践能力不足的情况。同时，企业也可以利用学校的新能源、新技术，提高自己在市场竞争中的优势，企业和学校相辅相成，共同发展。

（二）现代职业教育教师的管理

1. 抓好教师思想建设，塑造高质量的师资队伍

教师的根本职责是教育好年轻的一代。要成为一名合格的职业院校教师，应具备良好的综合素质。只有优秀的教师，才能培养出优秀的学生，这既是教学的基本目的，又是评价教师的基础。一定要重视教师队伍思想建设。

首先，教师的教育性特征决定了教师应具备较高的思想政治素质。教师的思想政治素质决定着教师职业活动的方向、态度和教师的工作效益，也深深影响着学生思想品德的形成。因此，教师要忠诚于人民的教育事业，要不断提高思想政治素质和业务素质，增强实施素质教育的自觉性，教书育人，敬业爱生。

其次，教师应具备良好的职业道德。教师要热爱教育工作，树立正确的教育观、质量观和人生观，关爱学生、诲人不倦，严于律己、为人师表，与学生平等相处，尊重学生人格，要有团结协作的精神。

再次，教师还要有广博的文化科学素养和业务知识，具备较高的教育、教学能力，具有终身学习的自觉性，掌握必要的现代教育技术手段，要遵循教育教学规律开展教学工作，积极参与教学科研，在工作中勇于探索创新。

最后，教师个人的言谈举止、仪容仪表也应注意，教师是学生的榜样，教师的风度仪表对学生具有示范性。

为建设一支思想过硬、业务素质高的教师队伍，学校管理者要重视教师思想的教育提高，通过学习党的教育方针、学习现代职业教育理论，及时了解现代职业教育发展的要求，了解社会经济发展的动态，掌握新知识，适应现代职业教育教学改革的需要。对教师的开会学习、教研活动要在内容和形式上做认真的准备，通过抓教师思想素质的提高，不断强化教师的育人意识，提醒教师时刻牢记职业使命，增强责任感和提高自身修养的自觉性，塑造高质量的教师团队。

2. 重视教师培训质量，构建真正的学习型组织

学校教学质量的高低，主要依赖于教师的知识能力、技能水平和工作动机，而教师的个人成功则依赖于不断有机会去学习和实践新的知识和技能。要实现学校生产率的最大化，管理者必须重视提高教师群体的质量。教师培训是提高教师群体素质的有效途径，是职业院校开发利用教师资源的主要手段，也是学校人力资源管理实现培养、促进教师个体发展目标的基础保证。

所谓教师培训是指学校为了使教师获得或改进与教育教学工作有关的知识、技能、动机、态度和行为，以利于提高教师工作的绩效和实现教育目标，所采用的有计划、有系统的管理措施。

对人力资本的投入实践证明，教育是形成人力资源的关键。各职业院校要把对教师队伍的培训当成一项投资，而不是普通的福利，更不是负担。学校每年要保证一定比例的培训经费用于教职工的培训。为了使教师能够胜任时代赋予的新职能，不仅要使教职员工培训体系具有终身培训的性质，还要通过管理者的重视和引导，激发教师参加继续教育培训的积极性和主动性。同时，学校内部的培训也应实行制度化管理。通过培训、制度

化、价值取向等手段向教师传递和落实学校文化的要求，塑造在理念和行为上与学校发展要求相一致的教师队伍。

培训的针对性非常重要，有效的学习实践能让教师实现质的飞跃，当教师开始一个基于普通知识的实践，并应用他们的知识使实践变得有效时，教学就成为专业。因此，对教师的培训要突出针对性和参与性，学校可根据教师队伍的情况和阶段性工作的需要来设置培训的内容和方式，提高教师培训的质量，根据教师的实际问题有针对性地进行解决，促进教师开发的有效性。

3. 强化教师在现代职业教育岗位实现自我价值的意识

教师自我价值的实现最明显的特征就是培育出人才，强化教师在现代职业教育岗位的自我价值意识，需要在以下两方面做出努力：树立科学教育观念，正确认识教师价值；预留教师主体发展空间，拓展教师发展观。

培育出大量的高技能专门人才，以满足社会各行各业对高素质的劳动力的需求，从而促进社会经济的发展，这就是现代职业教育工作者自我价值实现的最大意义。所以，学校人力资源管理要让教师树立科学教育观念，认清自身的价值，个人的努力和学校发展乃至和社会的发展都有着不可分割的关系。要使教师们认识到从事现代职业教育工作不仅是为了谋生，更是为了崇高的现代职业教育事业和个人的发展。学校在对教师的管理上要强调学校教育目标与教师个人目标的一致性，营造良好的学校文化氛围和上下一致、同心同德的价值取向，形成事业留人、感情留人、待遇留人的良性人力资源管理。做到既留人，又留心，使教师真正用情、用心、用力地工作，实现个人进步、学校发展。

职业院校教师身上体现着劳动方式的个体性和教育成果的集合性。然而，教师的教育成果又不是孤立的，它是学校全部工作的综合效应，有赖于教师集体的共同努力。由于培养人才的周期性和滞后性，教育影响所产生的社会价值，即教师的劳动成果及教师为改进教学所做出的种种尝试，往往要在学生进入社会并为社会作出贡献之后才能最终体现出来，因此，对教师的价值评价呈现出复杂而不稳定的状况，对此教师要有充分的认识。

4. 运用激励效应，实现教师资源开发利用的最大化

教师具有潜质，如何调动、激发出教师的潜力是人力资源管理的关键。知识和智力集结于教师的脑内，工作成果凝结在学生身上，教师潜质的大小难以标准化衡量。教师的一举一动都是生动的教育实践，成果不光在课堂上，也在课堂外，教育讲究言传身教，春风化雨，润物于无声无形。人力资源管理者要让教师在认识自身责任的基础上，充分发挥个人的主观能动性，创造性地使用内在的知识和智能。对教师资源的开发，不能依靠口号、说教、数字式的指针管理，教师行为的有效改变通常源于内在的激励，而不是外部的压力。

激励就是通过物质、精神的手段刺激并满足人的需求，调动人的工作积极性，充分发挥人的聪明才智，即从体力和智力两个方面来增强人们行为的强度，对职业院校的教师而言，智力方面更为重要。激励有物质激励和精神激励两种。

通过对教师的能力、态度、需要等方面的激励，满足教师各种合理的需要，教师就能产生实现组织目标的行为冲动，最终实现组织目标。

5. 营造和谐健康、有利于教师发展的学校环境

美国管理学家孔茨指出，管理就是设计和保持一种良好的环境，使人在群体里高效地完成既定目标。

学校各项政策要得到有效的实施，就必须建立在信任的基础上，信任是对教师最好的鼓励和鞭策，这是对知识分子的管理最核心的理念所在。教师的知识分子属性使得他们既能快捷地接受知识和意见，又具有对意见的敏感性，所以，管理者对教师的管理必须注意方式、

方法，讲求艺术性。人际关系紧张、人人自危是职业院校人力资源管理的大忌。

在职业院校教师资源管理中采用柔性管理的方式效果较好。所谓柔性管理是指在研究人的心理和行为规律的基础上，采用非强制性方式，在人的心目中产生一种潜在说服力，从而把组织意志变为个人的自觉行动的管理。柔性管理的最大特点在于它主要不是依靠组织权力的影响力，如上级的发号施令、成文的规章制度等，而是依靠人的心理过程，依赖于从每个员工内心深处激发的主动性、内在潜力和创造精神。一旦学校的要求转化为教师的自觉认识，学校的目标转变为教师的自发行动，就会产生巨大的内在驱动力和自我约束力。

在实施柔性管理时，要善于利用情感。管理者要热心帮助教师解决工作、学习、生活等方面的困难，工作中多一些交流，少一点官僚；多一些沟通，少一点误会；多一些热情，少一点冷酷；多一些鼓励，少一点指责。俗话说："感人心者，莫先乎情。"为了缩小与教师之间的距离，学校领导要重视与教师之间的交流与沟通，不仅要留住教师的"身"，更要留住教师的"心"，实现"柔性"留人的目的。

关于人力资源管理，美国学者赫茨伯格同他的助手在调查研究中发现，人们不满意工作时，是对工作环境不满；满意工作时，则是满意于工作本身。为此，他提出了激励的两因素论。

第一，保健因素或维持因素。这种因素是维持一个合理的满意水平所需的，没有它们，职工就不会满意，但它们的存在并不构成强烈的激励。

第二，激励因素。这些因素构成对职工强烈的激励，能使职工高度满意于工作。激励理论明确指出，人们的工作效率取决于人们的工作态度，而工作态度又取决于人们需要被满足的程度，人们的需要是否能得到合理的满足，又受到工作本身和工作环境的影响。

以人文主义为导向的管理思想就是要帮助每一个教师完善自我，让教师在实现个体发展的过程中创造出良好的工作业绩，促进学校的发展。

营造和谐健康的学校人文环境对教师的发展、成长十分重要，教师对学校人文环境的满意，可以促使他们改变工作态度、提高工作效率，实现他们自身的充分发展。因此，在现代职业教育人力资源管理中，学校管理者要突出"以人为本"的管理理念，全力为教师创造和谐稳定、健康有序的学校人文环境。

6. 增强管理的服务意识，培育学校核心文化

学校要发展，教师是关键。教育教学工作需要领导和教师协调努力，学校的发展需要教师群体的和谐共处，在学校发展过程中，为了促进教师专业化成长，需在了解教师资源特性的基础上，用人力资源管理的思想去指导工作实践。从学校管理者角度来讲，应在教师队伍中培育核心文化，以教学研究带动教师队伍整体素质的提高，鼓励教师全员参与校本教研，营造有益于教师自我发展内动力和合作精神形成的教师发展环境，使学校的发展目标和教师个人的发展目标统一起来，促进教师潜能最大化地开发，实现学校的发展。

首先，职业院校人力资源管理的职能部门应由行政权力型向服务支持型转变，淡化权力意识，增强服务功能。在结合个人发展与组织发展的基础上，对决定个人职业生涯的个人因素、组织因素、社会因素等进行分析，帮助教师制定有关个人长期职业发展的设想与计划安排。虽然职业生涯规划更多的是教师个人的事情，但学校管理部门可以通过一定的辅助措施加以指导，将教师的职业生涯规划与学校未来的发展远景统一起来，使个人能按照学校的要求与规范，谋求个人的成长和发展，为教师的成长和发展提供一个舞台，为教师提供学习、培训和施展才能的机会；平时多与教师交流沟通，对他们的工作表示关心与欣赏，对教师在教学、科研工作中遇到的困难、问题提供帮助，让教师感到自己是在充满关心支持的环境中工作。

其次，学校人力资源管理的具体部门（各系、部）的领导者应承担履行人力资源管理的具体责任，注重教职工权益的保障，尊重教师个人发展，注重人的差异性、层次性，强调人的不同需求，突出人的主体性和能动性，充分重视高层次人才的合理使用。

最后，要创造一个有利于教师发展、相互协调、团结互助的和谐人际氛围，需采取一系列有效措施，塑造、整合、培育和发展学校核心文化，用核心文化理念经营学校，强化学校的凝聚力。教育的本质在于文化育人，通过文化的传承和创新，使个体社会化。

基于职业院校发展的现代职业教育人力资源的开发和利用的问题研究是一个实践性很强的领域，不同的职业院校具有不同的管理模式，而不同的职业院校具有不同的教师资源开发和利用的具体措施和办法，这些都需要根据具体情况进行具体分析，同一个办法和措施可能在一所学校、一个地区是适用的，能够促进学校的发展，但有可能在其他学校和地区就会不合适、不起作用。这就需要职业院校管理者拓宽研究视野，用科学的方法和智慧去寻找有效解决问题的措施。

第二节　现代职业教育评价体系的构建

教育评价是对教育活动满足社会与个体需要的程度做出判断的活动，是对教育活动现实的（已经取得的）或者潜在的（还未取得，但有可能取得的）价值做出判断，以期达到教育增值的目标。教育评价能够有效地控制教育过程的行为，并为教育决策服务。科学的教育评价是保证教育质量、提高办学效益的有效措施，是实现教育管理科学化的重要手段。现代职业教育评价的目的，在于促进职业院校的办学水平不断提高，为教育决策提供重要依据，为社会各界参与现代职业教育提供机会。近年来，我国把"终身教育"和"学习型社会"纳入了议事日程，在重要会议和文件中进行了工作部署。在构建现代职业教育评价体系过程中，也要贯彻突破正规学校框架、突破学习时间、内容、方式的终身教育思想，从而更有力地推动整个现代职业教育的改革与建设，对现代职业教育的发展起指导作用。

一、现代职业教育评价的组织与程序

现代职业教育评价涉及评价主体、评价客体、评价目的、评价方案、评价方法技术等诸多方面的内容，是一个有严密组织、明确目的、评价标准、评价程序的有机的集团活动。现代职业教育评价的实施步骤是环环相扣的，前者为后者服务，前者的工作质量影响着后者的工作进程和质量，后者又为前者的改进和完善提供反馈信息。整个实施进程均以评价目的为出发点和归宿。因此，要通过评价使现代职业教育功能得以实现，必须从评价的组织和程序入手，规划评价活动，实现现代职业教育的评价目标。

（一）现代职业教育评价的组织

现代职业教育评价既有学校的自我评价，即内部评价，也有上级教育行政部门和教育督导部门组织的评价，即外部评价。外部评价是加强宏观指导和管理的一项重要措施，其目的在于客观地评价学校的办学水平，加强科学管理，确保教育的基本质量。

1. 学校自我评价的组织

学校自我评价，是指以学校自主发展为基点，以全员参与为形式，以学校的战略规划、具体目标实施为对象，按照学校认可的评价标准，在学校范围内开展定期的评价活动。学校自我评价是学校评价工作的基础，也是学校自身建设、提高办学水平和教育质量、主动适应社会发展的重要手段和促进可持续发展的自我保障机制。学校自我评价是教育评价的有机组成部分，也是学校教育工作的重要组成部分。在实际工作中，学校管理者和广大教师必须关心如下问题：学校管理的目标是否已经达到，达到目标的程度如何？教育活动是否达到了预期的目的，是否获得了应有的价值。这些问题只有通过评价才能回答。

职业院校要有效地开展校内的自我评价，必须有严密的评价组织做保证。学校自我评价组织一般可分为两个层次：一是领导层；二是操作层。

领导层就是学校成立的有关开展校内评价的领导小组，它的职责是设计或选择评价方案，制订评价工作计划，选择评价方法，对评价人员进行培训，对各专题评价小组的工作进行指导、检查、审定，做出最后的评价结论并编写自我评价报告。领导层的成员一般为党、政、工、团各方面的负责人及教育评价的专家、学者，同时还要吸纳行业企业的人员参与评价。

操作层是指各项专题评价的小组，它的职责是根据评价方案对本专题小组所担负的任务和评价指标内容开展全面的调查研究，广泛地收集有关的信息、资料、数据，对照评价标准对本专题小组的有关评价内容进行价值判断，得出初步的评价结论，写出本专题的自我评价报告。

学校自我评价对学校的科学决策具有重要意义。只有通过评价获得第一手资料，才能做出科学、合理、可行的决策。学校自我评价是自我发展的前提和保证，如果没有学校的自我评价，学校管理者就不可能明了各项工作的进展和存在的问题，学校的发展也就不可能是一种良性的发展。

学校自我评价具有五个方面的优点。第一，不受时间和场合的限制，简便易行。无论管理者、教师还是学生，都可以随时随地、经常性地对照目标要求进行自我评价。第二，省时省力、耗资少。学校可以在日常工作中随时组织教师进行自我评价，节省时间、精力和资金。第三，可以在较长时间内连续操作，机动灵活。学校可以根据学校的发展规划具体规定自我评价的做法。第四，可以调动起学校全体教师的积极性和主动性。学校自我评价是学校对自身进行的评价，全体教师都是评价者，这样就容易调动他们主动配合参与评价的积极性和主动性。第五，为学校提供了一个多样化的发展空间。实施学校自我评价，就可以为他人评价提供参考依据，打破他人评价"一言堂"的局面。主动建立有效的自我评价制度，是提高学校整体办学水平和管理工作质量的至关重要的工作。

2. 行政主管部门评价的组织

我国教育评价多数是由国家行政机构来领导、组织和监督的。一般设有从中央到地方的不同层次的教育评价领导小组，各级评价机构有不同的分工和不同的职责。

（二）现代职业教育评价的程序

一般而言，现代职业教育评价过程可分为准备、实施和结果处理三个阶段。

1. 教育评价的准备工作

教育评价的准备工作指的是在评价实施前所进行的组织准备、方案准备和舆论准备。

组织准备指的是要成立专门的评价领导机构和评价的实施工作组及建立评价工作的规章制度和评价人员的考核奖惩条例。组织准备工作一般包括建立评价组织机构、成立评价领导小组、制订评价活动实施计划、组织培训参评人员。评价领导小组的工作要点是确定评价对象和评价重点，设计或选择评价方案，制订评价工作计划，培训参与评价的有关人员，掌握、调控评价工作的进程，协调各方面的关系，把握评价的方向；在制订评价活动实施计划工作中明确实施评价的目的，明确评价对象和评价重点，明确评价活动的行为准则和整体要求，确定评价实施的步骤和具体日程安排。在组织培训参评人员工作中，培训的内容应当包括教育评价的概念和实施教育评价的现实意义，教育评价的本质、功能和作用，教育评价的基本方法技术，有关评价方案的若干理论问题。

方案准备指的是解决评价的各种问题的方案。评价方案的准备是教育评价准备阶段的重点。一般而言，在方案的准备阶段，主要工作是在评价活动实施之前拟订有关评价目的、内容、范围、方法、手段、程序和预期结果的规范性文件。方案应当包括以下几个方面的内容：规定评价的目的及目标、确定评价内容及其形式、设计指标体系、规定评价标准、确定评价手段和方法、规定实施程序等。

舆论准备指的是在评价实施前，对被评者进行积极深入地宣传动员，使被评者的参评积极性得到极大的提高，使得被评者对评价工作进行支持和配合。

2. 教育评价的实施

实施教育评价，主要是评价人员依据评价的指标和标准，对反映被评对象达标状况的信息资料进行收集、整理和分析，进而得出定性或定量的评价结论。它是整个评价过程的中心环节。教育评价的实施大体上分为以下四个步骤进行。

（1）宣传动员。为了把与教育评价工作有关的各类人员都发动起来，使他们都积极参与教育评价工作，可利用一切宣传工具，如校刊、学生报、通报、幻灯、广播、电视、网络等，用大型标语、歌咏、戏曲、短剧等形式进行宣传动员；聘请专家作有关教育评价的专题报告；公布教育评价方案等。

（2）自我评价。自我评价是评价实施阶段不可缺少的重要环节之一。自我评价有利于全面收集信息，形成准确的判断；有利于减轻评价组织者的工作量，减少评审经费的开支。当然，自我评价要求被评者在自评过程中本着实事求是的态度，如实反映自己的情况。被评者进行自我评价之后，应按要求写出评价报告，提供充分的有关资料，包括被评者的自我评价结果及其有依据的定性及定量分析的评价资料。

（3）评价专家组根据自评结果，有针对性地收集信息、资料和数据。这个步骤是进行正式评价的开始。评价专家组应由教育界和社会知识界学术水平高、专业知识渊博、实践经验丰富、有崇高威望的专家组成，并要求与被评者没有利害关系，以保证评价的公正性和客观性。专家组根据被评者的自我评价结果、评价指标体系、标准，全面地了解评价对象的情况，收集信息、资料和数据，这是一项基础性、关键性的工作。只要是量化的数据都要进行统计、计算，而定性的材料则要归纳、汇总，根据评价指标，对每项指标进行等级评定，然后再根据评价方案中各指标的加权系数和采用的计量方法，经过二次量化，将等级换算成各项指标的评分值和总评价值。信息、资料和数据是否丰富、全面、真实、可靠直接关系到评价的依据是否客观，关系到评价结论的真伪，从而关系到教育评价的成功与失败。

（4）专家评审，形成评价结论。专家组通过大量的调查访问、发放评价量表、召开各种形式的座谈会、查阅文献档案等各种形式和手段，获得了丰富的信息、资料和数据，接下来就要依据有关的评价指标和评价标准的要求逐项核实，筛选出真实可靠的有用资料，进行综合分析，对照各项指标的评价标准对被评对象的现状做出初步的评价结论。

3. 教育评价的结果处理

教育评价结论的分析与处理阶段是评价活动的最后一个阶段，它的质量关系到评价的作用能否充分发挥。因此，这也是一个很重要的阶段。这一个阶段主要有以下四项任务：一是形成综合判断；二是分析诊断问题；三是估计本次评价活动的质量；四是撰写评价报告，向有关方面反馈信息。

（1）形成综合判断，就是从总体上对被评对象做出关于其工作的定性或定量的综合意见。通常，综合判断是在各个参评专业自评的基础上，专家进行评审评议后得出总评定值，形成以定量为主的综合性判断，并对参评专业是否达到目标，以及达到目标的程度做出优劣程度的等级区分。

（2）分析诊断问题。为了充分解释、说明综合评判的结论，使被评者顺利地接受评价结论并更好地帮助被评对象改进工作，还需要对评价过程得到的信息进行细致的分析，对被评者的工作的优缺点和长短得失进行系统的评论，以帮助被评者认清存在的问题和问题的症结所在，提出有针对性的改进工作的途径和建议。

（3）估计本次评价的质量，是指根据评价过程中出现的问题，利用对被评者的评价分数，对此次评价工作质量进行检查、分析和鉴定，也就是对此次评价工作进行评价。这项工作不仅包含了施评后进行的评价方案，对被评者及各方人士的意见的广泛征求，结合实践的检验进行的必要修改，也包含了对评价的实施过程和其评价结果进行信度、效度的检验，对出现的问题和误差及时有效地进行修正。

（4）撰写评价报告，是指将评价结论写成书面报告。内容主要包括此次评价的任务及其经历的过程、对参评专业的评价结论、评价结论的统计分析、本次评价存在的问题和改进的建议。评价报告有利于同行之间相互借鉴。在反馈之后，使评价产生深远的影响，使领导的管理工作得以改善，使评价对象的工作质量得以提高，使被评者可以发扬优点，克服缺点，不断前进。

评价工作结束后，评价组织或其他档案部门需要对评价的方案计划、总结、报告、页卡、数据及各种文件、表格等材料进行及时分类、编号、建档，对需要的数据资料输入电子计算机储存，以利于教育工作以后的查证参考，为以后制定教育政策，进行教育科研提供有用的依据和材料。

二、现代职业教育的课程评价

课程评价就是通过对课程实施的结果进行判断与评价，从而为调整、修订、创新课程实施的策略与方法提供依据。课程评价的焦点或目标应包括课程需要和（或）学生需要、课程设计、教学过程、在教学中使用的教材、学生成功目标、通过课程学生取得的进步、教师有效性、学习环境、课程政策、资料分配、教学成果等内容。

（一）现代职业教育课程评价的功能

职业课程评价主要用来检查职业课程开发和设计的成果，诊断存在的问题，提高职业课程的质量，具有检查和控制、激励、反馈的功能。在职业课程开发阶段，涉及专业课程方案及教学计划、课程标准及教学具体进程、单元课的设计与实施、学业课业策略与方法等诸多关键问题，一切都要改革、更新，开发的每个程序、每个步骤都要高质量完成。因此，课程开发过程的每一个环节都要注重检查和控制开发的质量。课程开发的过程性评价正是为了解决这个问题而设计、进行的。课程开发的过程评价，可以使课程开发者及时看到课程开发的阶段性成果和不足，使他们享受步步成功的喜悦，并及时找出差距，以便更好地推进开发工作。课程开发评价可以为课程开发主体提供课程开发各个阶段和整体的信息，帮助开发主体调控其开发过程和质量。课程开发评价系统和信息渠道，可以建立课程开发可靠而灵敏的反馈渠道，使开发者及时调节和控制开发过程和开发质量，确保课程开发质量和最终的成功。具体而言，现代职业教育课程评价的功能主要体现在以下五个方面。

1. 改善教学体系

如果把学生在校接受各种教育训练活动看成一个系统，那么，为了不断改善这一系统，就必须严格控制这个系统。根据系统论的观点，任何系统只有通过信息反馈，才能实现有效控制，而教学系统的反馈信息就是通过评价来获得的。教师借助课程评价可创造性地改进教学工作，提高教学质量。

2. 改进课程建设

课程评价是一种动态评价，是在对过去的课程进行评价的基础上，判断当前的教学，同时预测今后课程的发展，但这一切的目的都是优化决策、改进教学工作、提高教学质量。实际上，课程评价与经常性教学评价在目的上都是一致的，两者应该相互结合。评价得当，可以将广大师生的积极性调动起来，还可以加强课程建设。

3. 提升课程质量

根据课程评价结果，可以就课程某些方面的不足和缺陷进行修订，从而更好地发挥课程育人载体的作用。不过，在课程研制的不同阶段，课程评价所起的作用有所不同。在新的课程尚未研制之前，课程评价总结出原有课程中存在的问题，从而为新课程提供参考依据；在新的课程开始研制之后，课程评价可以诊断课程研制过程是否科学合理；在新的课程已经研制出来之后，课程评价可以进一步分析新课程目标是否科学合理。

4. 推进教学改革，改进教学实践

课程评价能够诊断课程、教学与学生的学习，寻找课程问题和困难所在；反复寻找缺失，改进课程方案；比较各种课程目标内容、过程及结果。这些都可以有效提升教学质量，从而促进教学改革。

课堂教学是课程实施的基本途径，课程评价对于教学实践的改善起着重要作用。课程评价观测点有教师信念、教师能力、教师实践、学生行为和学生学习，据此，课程评价可以检测课程目标、课程内容是否落实，并能够对教学效果进行评价，从而能够有效改进教学实践。

5. 提高教育质量

教育质量是教师与学生两者共同创造的。因此，在设计指标体系时，除重视效果指标外，还应注重对教学过程的评价。不过，要使教学过程中各种条件、各种要素均处于最优状态是不太可能的，通过课程评价可以有效改善这种情况，扬长避短，以发挥教学诸因素的最大效益，最终有效提高教育质量。

此外，课程评价还有助于课程自身的发展与完善。从根本上来说，课程评价主要是对已有课程评价进行修改和完善。在课程评价的发展史上，每一次重大的改变，实际上都是课程评价自身完善功能的展现。

（二）现代职业教育课程评价的程序和方法

1. 评价程序

（1）提出问题

主要是明确评价目的和具体要求，即通过评价要解决什么问题。课程评价的目的反映了评价者的课程观和教育观，也影响到评价方法与工具的运用。

（2）准备评价阶段

这一阶段的具体工作包括以下三个方面。

第一，成立评价组织。课程评价作为一项有组织有目的的活动，不是个人行为，必须由一定的组织机构或部门来承担。建立正式的评价机构或部门，由专人负责，可以便于评价工作的开展，便于资料的收集、积累和调阅。评价组织一般由课程专家、行业专家、职业实践专家、现代职业教育专家、用人单位代表等组成，有时还可以吸收社区代表、学生及家长。

第二，分解评价目标、确定评价准则和指标。这里确定评价的指标体系最为关键，要找出代表性的主要行为和能反映对象的本质属性的项目，然后进行分类，确定出评价项目、权重和指标体系，并要考虑操作的可行性。

2008 年，教育部制定了《国家精品课程评审指标及内涵（高职，2008）》，用以指导职业院校职业课程的开发、设计、建设和实施。该评审标准包括 7 项一级指标，每项一级指标又有若干二级指标和若干主要观测点，形成了完整的评审指标体系，每个观测点都给出了评审标准和分值；同时还划分了评价等级，给出了分值系数。这可作为高职职业课程开发与评价的指南。

第三，准备评价方案。评价方案的内容主要包括评价的目的、原则、对象、指标体系、评价方法、评价的组织及时间安排。这些都必须在评价方案中清楚地表述出来，以便于执行。

（3）评价实施阶段。包括收集、分析、处理评价信息，解释评价资料。

（4）做出判断、撰写评价报告阶段。课程评价结束后应该把评价的结果以书面的形式报告给课程实施人员、教育行政部门，或其他需要知道、了解课程评价结果的人群。

2. 评价方法

（1）根据课程开发目标体系建立一个评价指标体系，包括评价的各级指标、观测点和评价标准、等级、权重、分值等。

（2）确定收集和处理评价信息的方法。收集信息的方法包括观察法、调查法、测验法、个案研究法等。处理信息的方法包括定量分析法、定性分析法、定量和定性分析结合法等。

三、现代职业教育的学业评价

学业评价，是以学生为评价对象所进行的价值判断。学生学业是反映学生发展水平和学校教育质量的核心指标。学业成就与学习成绩并不等同，传统的考试制度和考试成绩是一次考试定终身，评价过分偏向终结性评价，无法完整衡量出学生的学业成就。要真正评出学业质量和教育效能，必须满足整体上全面反映学生的发展这一教育目标的要求，所以，学业评价比起当前的考试，无论在形式上还是在内容上都要求更加规范和完善。在终身教育思想的指导下，职业院校学生学业评价既要关注学生学业的阶段性评价，更要关注学生学业的形成性评价，关注学生职业知识、职业技能、职业素质的目标达成度。因此，现代职业教育学业评价应该要确立发展性学业评价观，关注学业的职业导向性，建立开放性的学生学业评价方式。

（一）现代职业教育学业评价体系的构建

1. 相关概念的界定

（1）现代职业教育学生学业评价体系。现代职业教育学生学业评价体系是指为有效开展现代职业教育学生的学业评价所设计、建立和实施的相关要素与组织联合体。与普通教育学生的学业评价体系相比，现代职业教育学生的学业评价体系具有以下两大特征。

1）现代职业教育学生的学业评价体系应该具备更大的包容性。普通教育学生的学业评价体系停留在学习能力评价、智力评价、个性评价、身体健康、基本实践能力评价等几个方面，而现代职业教育学生是未来的一线实际操作者，应对其综合运用专业知识与技能解决技术工作问题并取得经济效益的能力进行评价。所以，学业评价参照企业用人标准和工作绩效考核标准，将职业能力、职业道德、技术水平等作为评价要素非常必要。

2）现代职业教育学生学业评价体系具有多主体性。虽然，普通教育也强调评价的多主体，但在传统上总是将教师认定为评价的唯一主体。后来，受实用主义思想的影响，学生才逐渐被认为是评价主体之一。然而，与现代职业教育对接的是职业标准，实践的是岗位工作任务，企业是最终的评价主体。在企业岗位学习期间，体系更强化了企业在评价中的主体地位。所以，现代职业教育学业评价的主体不只是教师、学生，企业负责人、岗位实习带领人等都参与其中。

对现代职业教育学生的学业评价是一个系统工程，这个系统从评价目标来说是多元的，其评价要素可以涵盖三维目标，即知识、技能、情感态度与价值观；从评价形式来说大多是项目与任务式的，是从简单到复杂的工作任务与项目的有机结合；从评价方法来说，是知识理论考核和实践能力测评两部分的有机结合。

（2）以工作过程为导向课程体系框架下的学生学业评价。研究建立适应以工作过程为导向课程体系的学生学业评价，重点是研究探索学生学业综合评价的内容、标准、方式和方法，通过制定学生学业综合评价方案，全面、客观地评价学生达到专业培养目标和人才培养规格的水平。结合北京市中等职业学校工作过程导向课程体系框架，从评价结构来说，该体系主要由下列四个具体的评价环节组成：课程评价（注重过程性、发展性）、顶岗实习评价、职业技能鉴定、毕业评价（侧重立体式多元化的终结性评价）。

以工作过程为导向课程体系框架下的学生学业评价吸取了传统评价的优点，又刻意解决不适应新型人才培养的问题，在评价理念、评价理论、评价实践上进行了新的探索，从而建立起更加有利于职业人才成长的导向、评价机制。

2. 工作过程导向课程的学业评价体系结构

工作过程导向的课程结构主要由公共基础课、专业课程和顶岗实习三部分构成。据此，现代职业教育学生的学业评价一般由课程评价、顶岗实习评价和职业技能鉴定三个模块组成。将课程综合评价、顶岗实习评价和职业技能鉴定评价进行分析整理，最终形成毕业综合评价。

（1）课程评价

1）课程评价的横向结构。课程评价主要包括对公共基础课、专业课程和拓展课程的评价。

公共基础课程的评价是基础素质评价，其评价方法为"学习态度或行为＋阶段检测＋实践活动＋能力测评"，体现了既关注学科能力，也重视职业能力，以及为专业课学习服务的能力，特别是更加关注良好学习习惯的养成。

专业课程评价为综合职业能力评价。工作过程导向的专业课程源于职业岗位的典型职业活动，课程内容对接岗位工作要求。行动导向的教学以工作项目、任务、案例等为载体进行，每个单元都包含一个完整的工作过程，有可见的工作成果。对于基础性、知识性、理论性较强的课程的学业评价，一般采用"理论检测＋实操检测＋学习成果"的方式。课程评价结果是各单元的成绩综合，操作起来比较方便。对于对接岗位工作的实践性较强的课程的学业评价，一般采用"单元成绩累计法、单元成绩权重计算法、项目评价累计法、成果＋反思、作品＋能力测评"的评价方式。

拓展课程的评价为职业拓展能力与素质的评价。根据课程的性质，可采用"理论检测＋实操检测＋学习成果"的方式开展学生学业评价，也可以采用"单元成绩累计法、单元成绩权重计算法、项目评价累计法、成果＋反思、作品＋能力测评"的评价方式。

2）课程评价的纵向结构。每一门课程的评价又可以分为课堂评价、单元评价和综合评价这三个纵向层级。

课堂评价主要在课堂中完成，学生依据教师提前准备好的职业资格标准中的相关要求，对完成学习任务的过程和结果进行自我评定。课堂中的学生自我评价是自主学习的一个最重要的组成部分，主要由学生借助提前准备好的标准，对自身行动过程、行动结果及效果进行评价。

单元考核评价是针对一个完整的项目任务或课程模块开展的考核评价。单元评价注重学生在任务准备、实施、实效这三个方面所具备的能力。

综合项目评价是在每一门课程结束后，设计一个最能反映本门课程学习成果的、综合的并具有典型意义的学习项目，通过该项目考核学生与该课程相关的综合职业能力。综合项目评价相比课堂评价和单元评价，更加注重学生学习思考、创新发展这两大方面的能力与素质。

（2）顶岗实习评价

顶岗实习是现代职业教育推进工学结合人才培养模式的有效形式。顶岗实习帮助学生全面了解职业岗位需求，提高实践技能，缩短其专业能力与企业实际需求之间的差距，全面提升学生的职业素养，培养其责任意识、敬业精神、团队协作意识等。

顶岗实习时间一般较长，在顶岗实习过程中，由于学生对岗位的认知、对职业能力的获取存在差异，可以将顶岗实习期再细分为几个阶段，根据每个阶段实习任务的侧重点，设计不同的评价标准与评价方法。顶岗实习评价一般可采用"过程性评价+终结性评价+实习鉴定"的方式对学生进行综合考核。这种形式虽然比较传统，但学校、教师、学生都比较熟悉，且易于操作。

（3）职业技能鉴定

现代职业教育是以就业为导向的教育，学生毕业时要具备就业准入资格。因此，除了获得现代职业教育学历证书外，职业技能鉴定证书的考取是重要的内容。工作过程导向的课程，在课程体系开发时即将职业技能鉴定的相关内容和标准融入课程。

（4）学业综合评价

按照"课程评价+顶岗实习评价+职业技能鉴定"的基本结构，课程评价大多以课程学业成绩（五级等级分）呈现，顶岗实习大多以鉴定形式出现，而职业技能等级则必须有证书原件。新型现代职业教育学业评价结果的形式多样，最终呈现给用人单位的最有说服力的是一系列评价记录或证据。根据校企合作取得的共识，企业认可的有成绩单、评语、职业资格证书及特殊要求的证书、实践经历证明等。因此，学业综合评价结果可以有如下三种呈现方式："课程学业成绩＋实习实践成绩＋评语""课程学业成绩＋实践证明＋证书"和"学习成长记录＋学校推荐书"。

（二）现代职业教育学业评价的标准

这里重点说的是工作过程导向课程的学业评价标准。

1. 课程标准

工作过程导向的课程开发采用典型职业活动分析方法，其中特别注重分析职业标准，及完成典型工作任务所遵循的职业规范、工艺标准、服务规范及质量标准，强调按照产品生产的国家标准、行业标准及产品质量要求确定教学考核内容与标准，这就保证了专业课程与职业标准对接。同时，在考核定位上，参照国际证书、知名企业的认证要求，让学业评价有了可靠的根基。

2. 国家职业资格标准

国家职业资格标准整体上略高于国家相应的职业资格等级标准的要求，既参照专业培养目标中应达到的职业技能等级证书要求，又充分考虑职业资格证书要求滞后于产业发展的新技术、新工艺、新标准的现实，在制定课程标准时根据企业的建议做出了适度的调整，以保证课程要求与企业工作的实际相吻合。

3. 单元标准的制定

考核标准应关注各单元的梯度目标及各梯度之间的关联性。梯度目标的含义，一是遵循职业成长规律，体现由初学者到独立操作者的成长过程，对能力进行梯度评价；二是符合学习心理及认知规律，按照先易后难、先局部后整体、先表面后剖析、先单一后综合的规律，将各单元的要求区分出可测量的程度,体现学习的循序渐进;三是关注群体的差异性规律。不同的学习者的智能特点各有优势,而从客观上讲,在知识储备、学习能力、经验悟性方面也有差异,因而应该采用分层考核、分级评价。评价的最低等级应是合格,实行分层目标,进行分层考核,以合格为最低要求,不合格则必须重做。

(三)现代职业教育学业评价的方式、方法

1. 现代职业教育学业评价的基本方式

现代职业教育学业评价的基本方式有激励式、展演式、竞辩式、合作式、对照式、互动式、推优式和角色式。

(1)激励式评价。激励式评价是主要采用语言、物质等形式在任务进行过程中随机进行的鼓励性评价,如贴标签、加分等。激励式评价主要起引导、指导、调动和强化作用,一般不直接计分。

(2)展演式评价。展演式评价是考生通过"展示"呈现工作结果并解释任务实施的过程等。根据专业不同,展示时间为 10~20 分钟。

(3)竞辩式评价。竞辩式评价是通过有序的、激烈的思想交锋,探讨问题,解决问题。在评价时,不仅要关注问题的解决,也要关注思维方法及竞辩规则意识,从而培养学生思辨的能力。

(4)合作式评价。合作式评价是发挥学习团队的优势,在评价过程中小组成员的自我评价与成员之间的互相评价,均采用讨论式,要对不同的认识进行讨论沟通。评价主体均以平等、协商的态度参与评价过程。

(5)对照式评价。借助学生学习过程中教师采集的图像资料(跟踪拍摄的照片)进行展示、分析和点评。对照式评价是抓住学生带有普遍性或典型性的工作行为,特别关注学生的职业意识、素养、经验等隐性表现。

（6）互动式评价。互动式评价又可以称为对话式评价，即通过你来我往的语言、动作，表达观点，分析成果的优点与不足。互动的特点是有问有答、突出问题中心，有利于培养学生的语言表达、理解沟通的能力。

（7）推优式评价。推优式评价是运用推选优秀者、优胜者、前几名的方式，强化评价的激励作用，而且也有相应的"奖励"。推优不是凭印象，而是严格按照评价标准，对确有水平和能力的推优对象给予褒奖，鼓励学生争优当先。

（8）角色式评价。角色式评价是结合工作过程中的模拟角色进行对应角色的评价，它不仅要按照学习过程与学习成果的要求去做评价，还结合角色的不同增加一些新的要求。

2. 突出多元主体作用的学业评价方法

突出多元主体作用的学业评价方法，有个体评价、小组评价、教师评价和企业评价。

（1）个体评价。个体评价是学生对自己的客观评价，其作用是增强学生的标准意识、规范意识、质量意识，逐步提升评价能力。个体评价又可细分为自我评价（按照预先给定的评价标准进行自我评价）自省评价（以反思记录的方式，如成长袋或课业手册，对自己做出评价）、自测评价（采用统一编制的检测题，完成检测并直接得出考核评价结果）。

（2）小组评价。小组评价又可细分为自我评价、组内评价、角色评价和组间评价。自我评价是指依据预先给定的评价标准对本组进行自我评价。组内评价是指组内各成员之间互评，一般要在个体自我评价的基础上进行，有利于对评价标准的理解。角色评价是指评价人通过虚拟模仿角色的方式进行评价，可以让多个学生扮演角色，提高其考核评价能力。组间评价是指各组之间的评价，一般采取推优评价、打分评价、对手评价、第三方独立评价等方法。

（3）教师评价。教师评价可细分为量化评价、比较评价、生成评价、图像评价、成长评价和学期总评。

（4）企业评价。企业评价可细分为过程评价、终结评价、技能大赛评价和综合实训评价。其中，综合实训评价是对在实训环境中进行的带有一点综合性的学习工作任务进行评价。综合实训更加接近企业的真实生产任务，因而有必要聘请企业专家参与考核评价。

四、现代职业教育的质量评价

教育质量是现代职业教育实现可持续发展的关键，强化质量建设是职业院校发展的核心竞争力，是现代职业教育的必然选择。现代职业教育质量评价是教育评价理论在现代职业教育领域的应用研究分支，也是教育管理学中的一个重要问题。目前，我国关于现代职业教育质量评价的研究与实践，尚未形成统一完善的现代职业教育质量评价体系，改革传统的现代职业教育质量评价制度，建立适应现代职业教育理念和教学模式的现代职业教育质量评价体系迫在眉睫。

（一）现代职业教育质量评价的现状

一些发达国家的现代职业教育质量评价主要有政府主导评价、企业评价、社会评价（主要指各种专业组织、新闻媒体、社会团体等第三方中介组织）、职业院校自我评价等方式，其评价方式、评价内容、评价标准等在各国都有不同的侧重，从而形成具有各国特色的现代职业教育质量评价模式。例如，澳大利亚是以政府为主体的现代职业教育质量评价模式，美国是以社会为主体的现代职业教育质量评价模式，德国是以企业为主体的现代职业教育质量评价模式。国外现代职业教育评价模式具有评价主体多元、评价方式方法多样、第三方评价可信度高、评价结果公开、评价对投资主体的指导性强的特点，评价体系较为完善。总之，国外现代职业教育的发展空间涉及学校、企业和社会，因而现代职业教育质量备受社会的广泛关注。对现代职业教育评价体系而言，政府、社会和企业均以自身的角色参与评价，是国外多角度、多层次审视现代职业教育质量的关键所在，也是国外现代职业教育发达的原因所在。这对于构建我国现代职业教育评价模式和完善现代职业教育评价体系具有广泛的借鉴意义。

近年来，在国家的大力支持下，我国现代职业教育迅速发展，特别是职业院校在规模数量上取得了突破性进展。根据《22年全国教育事业发展统计公报》，2022年中等现代职业教育的招生规模接近我国高中阶段教育招生总体规模的一半。高等现代职业教育的在校生规模也接近整个高等教育规模的一半，实现了历史性的结构、战略调整。伴随着现代职业教育办学规模的迅速扩大，其质量问题也引起社会各方面的关注。《国家中长期教育改革和发展规划纲要（2010—2020年）》（以下简称《纲要》）中提出"大力发展现代职业教育"。作为大力发展的内涵，《纲要》强调，"把提高质量作为重点"。目前，我国现代职业教育的发展已从注重规模发展进入到全面提高质量的新阶段。因此，构建科学的现代职业教育评价体系，加强对现代职业教育质量的监控，提高现代职业教育质量，已经成为我国现代职业教育持续、健康、和谐发展急需解决的问题。

目前，对于我国现代职业教育质量的评价，按照评价主体不同，可以划分为教育行政部门主导的评价、职业院校内部评价和社会评价三种形式。教育行政部门实施的评价，权威性强，对职业院校教育质量的提升影响力大；职业院校内部评价主要针对学校自身的教育教学、学生学业、管理等方面的自主评价，各职业院校的内部评价有共性，但又各具特色，没有统一的标准和体系；至于社会评价，国内各省、自治区、直辖市目前开展得还不是很普遍。其中，教育行政部门主导的评价主要有职业院校办学水平评价、职业院校教学质量评价、重点专业评价、课程评价这几种。

1. 职业院校办学水平评价

国内职业院校办学水平的评价实践着重于对职业院校办学整体水平的评价，包括对办学思想、办学条件、软硬件建设、教学和管理等各方面的评价。由于对职业院校办学水平的评价有很多客观性的标准和因素，这种评价类型跟真正意义上的以内涵建设为主的现代职业教育质量评价还有一定差别。

2. 职业院校教学质量评价

现代职业教育教学质量的评价起步较晚。2000 年，教育部颁布的《关于全面推进素质教育深化中等现代职业教育教学改革的意见》（教职成〔2000〕1 号），要求中等职业学校建立有利于培养学生全面素质和综合职业能力的教学质量评价体系。关于中等现代职业教育的教学质量评价，国内各省市教育部门做了很多探索和研究，但目前尚未形成国家层面的中等现代职业教育教学质量评价指标体系。高等现代职业教育的教学质量评价工作是从 20 世纪 90 年代初开始的，而全面的高等现代职业教育教学质量评价是在 2000 年成立高职高专教育人才培养工作委员会之后开始的。2008 年 5 月，教育部正式发布《高等职业院校人才培养工作评估方案》，新评估方案增加了行业等社会评价元素，注重用人部门对毕业生质量的实际评价。

3. 重点专业评价

近年来，全国各省级教育行政部门都制定了重点专业评价指标体系，相继开展了职业院校重点专业或骨干特色专业的评价。从申报条件来看，参与重点专业评价的学校应是国家级、省部级重点学校及办学水平 A 级学校，所申报的专业应是能主动适应社会需求，办学特色突出，在行业或区域范围内有较大影响，且招生、就业形势较好的职业院校骨干专业。针对重点专业的评价，促进了各职业院校以市场需求为导向，不断调整专业结构，优化专业设置，深化教育教学改革，提高教育教学质量，切实加强专业实训基地、专业师资队伍等基础建设，形成专业优势，办出专业特色。

4. 课程评价

2005 年 7 月，教育部正式推出《国家精品课程评估指标》，要求按照教学队伍、教学内容、教学条件、教学方法与手段、教学效果和特色及政策支持 6 个一级指标、16 个二级指标评价精品课程。教育部评审国家精品课程这一措施，调动了地方和高校课程建设的积极性，各地区、各高等职业学院都通过评价推出了自己的"精品课程"，大大促进了高等职业学院的课程建设。

我国现代职业教育质量评价工作起步比较晚，还存在诸多问题，例如，对于评价理论的系统研究不够，没有形成完善的现代职业教育质量评价体系，评价主体还过于单一，对评价的方法和手段研究得比较少，等等。

（二）现代职业教育质量评价体系的构建

1. 遵循的主要原则

建立现代职业教育质量评价体系，应遵循下列原则。

（1）整体性原则。现代职业教育质量评价是一个系统工程。在全面分析影响现代职业教育质量各个维度和相互关系的基础上，要使影响教育质量的各要素、教育过程各环节紧密联系，形成有机整体，以便进行有效的评价和诊断。

（2）开放性原则。应把行业、企业人才需求规格作为人才培养质量评判标准，将行业、企业对培养人才的满意度、学生与家长的满意度作为教育服务质量的评价标准，建立一个开放的而且是内部、外部教育质量评价主体共同参与的现代职业教育质量评价体系。

（3）发展性原则。在评价方向上，不仅注重专业现实状态，更注重其未来发展，通过确定发展需求、制定发展目标、提供发展条件和机会，由浅入深，由初级目标向高级目标稳定推进，促进现代职业教育不断发展，以实现更高目标。

（4）科学性原则。现代职业教育质量评价体系的建立要以科学发展观为指导，要以国家的教育方针政策为指针，要符合现代职业教育规律和特点。评价方法要科学，评价手段要逐渐走向现代化。

（5）简约性原则。制定质量评价体系要从我国现代职业教育实际出发，不应过于烦琐和追求理想化。要考虑各地区的不同差异，注意到教育事业发展的不平衡性。确定的检测、计量方法要简便易行。

2. 评价要素分析

提高教育质量是一项系统工程，既涉及职业院校内部改革、建设和管理的方方面面，也涉及职业院校外部的许多因素。从现代职业教育质量评价的宏观角度来讲，现代职业教育包括现代职业教育教学、现代职业教育管理和现代职业教育绩效三个部分。因此，对现代职业教育质量评价即是对现代职业教育教学质量、现代职业教育管理质量和现代职业教育绩效质量的评价。影响教育质量的基本要素即现代职业教育教学质量要素、现代职业教育管理质量要素和现代职业教育绩效质量要素。

（1）现代职业教育教学质量要素。现代职业教育教学质量要素的基本内容是专业设置与专业建设、教学计划的制订与修订、课程建设、实验实训设施建设、教学质量考核、师资队伍建设等。在现代职业教育教学质量要素中，课程开发与设置是影响现代职业教育教学质量的一个非常重要的内在因素。课程与专业建设及教材建设具有十分密切的联系。从专业及课程之间的联系来看，专业建设是依托，课程建设是基础。处理好职业院校专业与课程之间的关系也是提高现代职业教育质量的关键性因素。课程建设有两大方面的任务：第一，要优化课程结构，重点是开发新课程，改造旧课程，科学建构不同课程之间的比例关系；第二，要提高课程教学质量，要求现代职业教育课程在培养学生专业能力的同时，还要培养学生的社会能力和方法能力。基于上述分析，现代职业教育教学质量要素可大致划分为教育资源保障和专业与课程建设两类。

（2）现代职业教育管理质量要素。现代职业教育质量保障体系应由职业院校自我保障、政府监控和社会保障三个方面组成。职业院校对自身的教育教学质量进行管理；政府保障的主要任务是制定职业院校质量体系保障的有关法规和政策；社会保障的主要任务是大力推进非政府中介评价机构的建立。基于上述分析，现代职业教育管理质量要素主要包括组织保障和教育教学过程控制两类。

（3）现代职业教育绩效质量要素。现代职业教育绩效质量要素是建立与完善现代职业教育质量保障体系的重要内容之一。只有当职业院校成员以教学质量为工作追求的第一目标时，才能形成全体人员自觉努力提高教育质量的行为。现代职业教育绩效质量要素可大致划分为教育教学效果和社会评价两类。

通过上述对现代职业教育质量评价要素的分析，可将现代职业教育评价过程与评价要素相结合，得出现代职业教育质量评价示意图。

3. 评价标准分析

总体来讲，指标评价标准应以现代职业教育质量评价原则为指导，在综合考虑社会经济发展形势、现代职业教育现状及评价范围内现代职业教育的总体状况的基础上来确定。现代职业教育质量评价标准制定的基本原则应该是以就业为导向、以综合职业能力培养为核心、以最大限度满足社会需求为目标。需要说明的是，现代职业教育质量评价体系确定之后，根据评价对象和评价范围的不同，还可进一步细化和改进，以适应相关评价工作的需要。例如，高等现代职业教育和中等现代职业教育质量评价还可以分别设计或改进为更具有特色的三级指标；三级指标中一些概念指标，如教学队伍、教学设施、图书资料等，可以进一步增加该指标的评价标准；根据现代职业教育质量评价主体的不同，以政府为主体、以社会为主体和以企业为主体的现代职业教育质量评价均可建立能够体现其各自特点和评价目标的现代职业教育质量评价体系。

4. 评价对象、主体、结果分析

（1）评价对象分析。根据评价对象的不同，现代职业教育评价分为对职业院校的评价、对职业院校教师的评价、对职业院校学生质量的评价等。

1）职业院校的评价。对职业院校的评价主要是根据职业院校办学目标，评价现代职业教育教学情况及管理情况。对职业院校的评价是为实现国家的教育目的服务的。对职业院校的评价应本着"以评促建，评建结合，重在提高"的宗旨，使职业院校正确认识自身定位，有效促进其办学水平的提高。对职业院校评价的根本目的是促使学校可持续发展，评价的内容包括办学指导思想、师资队伍、理论与实践教学及毕业生质量。在职业院校的评价过程中，要注意以下三个方面。第一，质量保证应贯穿于输入、过程、输出、结果且保持多个环节并重。第二，做到发展性评价。对职业院校的评价是以促使学校的可持续发展为目的，因此，在评价方向上，既要注重评价对象的现实表现，更要重视评价对象的未来发展潜力，重在促使评价对象"增值"。在评价方式上，倡导评价对象的参与，重视发挥评价对象的积极性等。第三，评价对象以教学系统为主体。由于教学是职业院校的中心工作，对职业院校的评价应将教学评价作为评价的主要对象。教学评价是职业院校教学管理的核心，是提高教学质量的动力。

2）职业院校教师评价。教师评价有两个目的：一是教师的工作业绩评价；二是教师的发展评价。业绩评价关注可达到的、相对短期的目标，倾向于在某个时间段内给教师的业绩和能力下一个结论，对教学质量的监控有重要作用。教师发展评价的目的是对教师的工作给予反馈，改进或完善教师的教学，使教师明确个人的发展需求，并对其进行相应的培训，提高教师的能力以促进其完成目前的任务或达到将来的目标。对教师进行评价的依据应是正确的教育价值观、学校的教育目标、教师的根本任务及教育部颁布的有关职业院校教师的职业道德规范要求。教师评价的主要内容包括三个方面：第一，能掌握先进的教学方法，具有较强的教学设计与教学实施能力；第二，要具有较广的知识面和一定的专业实际知识；第三，要具有较强的实践动手能力。对职业院校教师的评价，要注意以下三个方面：第一，采用定量和定性相结合的办法，对教师的全部工作进行多指标、多方位的综合分析和判断；第二，突出教师在评价中的主体地位；第三，恰当处理业绩评价和教师发展评价的关系。

3）职业院校学生质量评价。评价需求的多样性及被评对象属性的差异性，决定了职业院校学生质量评价的目的也呈现多样性，主要有以下三点。第一，重在教育指导。职业院校学生质量评价旨在实现"帮助"而不是"挑剔"的评价目的。第二，促进学生发展。对学生素质进行鉴定与评价，能够激发被评价者的主观能动性，激励他们不断发展完善自身素质。另外，学生质量评价对某些学生在某些指标素质发展上存在的不足，客观上也有督促改进的作用。第三，结果反馈。在多元评价主体的广泛参与下，学生质量评价的实施及结果反馈能够促进职业院校教育、家庭教育、社会教育及学生自我教育的有效"互动"，推动学生评价的深入开展。现代职业教育是以能力为本位的教育，是培养适应生产、建设、管理、服务第一线需要的德、智、体、美、劳全面发展的技能型人才的教育。因此，对职业院校学生的评价应该主要从知识、职业能力和情感态度价值观三个方面来进行。在职业院校学生质量评价的过程中，要注意以能力为核心、以学生为中心，注重实用性，根据所在区域、学校、专业的特点做出调整。

（2）评价主体分析。根据现代职业教育质量评价主体的不同，现代职业教育质量评价可划分为政府评价、社会评价和学校自我评价。

（3）评价结果分析。现代职业教育质量评价的最终目的在于提高现代职业教育质量，推动现代职业教育不断满足社会发展需求。因此，现代职业教育质量评价的最终结果应当是为现代职业教育的管理部门和实施单位提供信息参考和决策依据，促进现代职业教育的发展。从这个角度来讲，评价结果是否真实合理具有重要意义。鉴于现代职业教育评价方式的多样性，评价结果应主要考虑评价主体和评价标准的侧重点，还有评价方法的区别。

（三）现代职业教育质量评价策略

1. 树立科学的现代职业教育质量观

树立科学的现代职业教育质量观是建立我国现代职业教育质量监控与评价体系的前提和基础。长期以来，我国传统的评价学生的尺度是以所学知识的多少来衡量的，而当今各国的现代职业教育都在以培养有创新精神的人才为目标。对此，职业院校必须改变陈旧的思想意识，确立以技术应用能力和创新能力为主体的综合质量观，把创新能力作为衡量人才质量的重要依据，以适应新时代的要求。

2. 以教学质量为核心建立科学的评价体系

职业院校教学管理要坚持质量、规模、结构和效益相统一的原则，把改革教学、提高教学质量放在各项工作的核心位置，定期检查和评价学校的教学条件、教学水平和教育质量，建立严格而有效的教学管理监督制度，全面提高人才培养质量的有效评价机制。这就涉及教学质量评价体系的设计问题，要明确适合学校发展水平的教育质量监测点，有针对性地把握学校教学发展中的问题，切实为职业院校发展服务。

3. 制定科学的评价方法

在复杂的评价实践中，我们应把定性与定量评价有机结合起来，把内部评价和外部评价、形成性评价和总结性评价、单项评价和综合评价、相对评价和绝对评价等根据实际情况灵活地加以运用。评价机制应注重社会发展和经济发展，以使评价有社会导向的功能，通过评价的指标和内容的设计，引导优化专业结构。职业院校应根据评价结果及时调整专业，改革课程与教学，培养市场需要的人才，并注重跟踪毕业生就业及其发展情况。

4. 建立国家、地方、学校三级质量评价与监控体系，明确各方责任

国家、地方、职业院校作为现代职业教育质量评价组织实施的主体，在现代职业教育质量评价中发挥着各自不同的作用。国家和地方两级政府的评价在促建、促改、促管和促质量提高方面作用显著。学校的自我评价有利于避免政府评价的弊端，有利于激活职业院校内部发展机制，是职业院校教育质量提高的重要保证。我国目前现代职业教育质量的评价，还是以教育行政部门组织的评价活动为主，普遍采用自上而下的评价模式，评价对象基本处于被检查、被评价的状态，评价主体过于单一，企业、毕业生及第三方评价机构的参与少，没有形成政府、学校、教师、学生、社会等多主体共同积极参与、交互作用的评价形式。因此，我国应建立国家、地方和学校三级现代职业教育质量监控体系，形成对现代职业教育质量多角度、多方位、多层次的监控。

5. 引入企业评价，建立毕业生跟踪反馈制度

社会是现代职业教育质量评价的重要主体。完整的社会评价和反馈机制，可以提高社会对现代职业教育的参与度和认同感，可以激活职业院校办学机制，提高其自我约束与自我发展能力。企业评价是社会评价最主要的组成部分，它使现代职业教育更加贴近社会、贴近市场，以满足社会发

展需要，增强现代职业教育的生命力和吸引力。建立现代职业教育质量评价体系，最终应侧重于企业对学校现代职业教育成果的评价，即学生满足企业需求程度的评价。目前，我国尚未形成完善的、长效的、以企业为主的社会参与现代职业教育质量评价的机制。本着可持续发展和终身教育的理念，加强现代职业教育管理，充分发挥现代职业教育质量评价作用，应引入企业评价机制，建立毕业生跟踪反馈制度，通过毕业生、企业、职业院校之间的互动作用，将企业对现代职业教育发展的需求不断反馈给现代职业教育部门，在现代职业教育满足企业发展需要的同时，不断推进现代职业教育长期发展，使现代职业教育更具吸引力和生命力。

第六章 现代职业教育的产学合作

产学合作中的"产"指的是产业界和企业,"学"指的是学术界,包括大学、科研机构等。产学合作是指二者之间进行协同合作。通常,产学合作也被称为校企合作。现代职业教育的产学合作应该寻求新的方向。

第一节 现代职业教育产学合作的内涵与重要性

一、现代职业教育产学合作的内涵

(一)现代职业教育产学合作的概念

校企合作是指职业学校与企业紧密合作,以培养学生的职业技能和就业竞争力为重点。通过利用学校和企业两种不同的教育环境和教育资源,将课堂教学与学生参加实际工作有机结合起来,将学习和工作的结合贯穿于教学过程之中,培养适合不同用人企业需要的、具备较高职业技能和职业道德的人才。

（二）现代职业教育产学合作的特点

1. 现代性

校企合作和工学结合体现了教育与生产劳动相结合及培养全面发展的个人这两个现代教育最根本的特征。教育与生产劳动相结合是现代生产和现代科学发展的必然要求。一般来说，科学越发展，现代生产越发展，生产劳动者需要掌握的科学知识就越广泛、越深入、越系统，对人的智力发展的要求也就越高，在生产劳动中掌握这些系统科学知识和形成高度发展的智力的可能性就越小。因此，人们在成为生产劳动者之前所要经历的教育过程就会相对延长。同时，从一定年龄开始，人们必须以各种方式交替地参加教育和生产劳动这两个既密切联系又相互独立的过程，以适应现代生产的需要。

2. 职业性

校企合作和工学结合从一开始就具有强烈的职业导向。将学习和工作相结合的主要目的是让学生在实际工作环境中自我教育，培养积极的工作态度，掌握未来就业所需的知识和职业技能，为未来的就业做好准备，最终帮助他们顺利地融入社会，完成从学习生活到职业生活的过渡。

3. 市场性

校企合作和工学结合教育模式的一个显著特点是其市场化运作，主要体现在将校内学习与校外工作相结合这一特点上。这种市场化运作打破了传统高等教育封闭的教育模式，将学校教育与社会需求紧密结合。通过这种教育模式，学校不仅向社会开放，而且完全融入市场的供需关系中，接受市场的选择和检验。学生在"工"的过程中与用人单位双向选择，受劳动力市场的支配，市场需求情况对学生的工作选择和职业发展产生直接影响。校企合作的一个重要魅力在于它通过将学生推向市场来激发他们的学习热情，推动学校的教育改革，同时使教育更适应社会和经济发展的实际需求。

4. 大众性

校企合作和工学结合的发展历史告诉我们，它是在社会对高等教育不断提高的需求推动下逐步形成和发展起来的。这种需求的深层次原因是科学技术和现代化生产的发展，其主要表现形式是人们的生存和求职愿望，而高等教育的大众化则是满足这一需求的必然结果。现代高等教育不仅要培养心智健全的人，还要培养社会职业的合格从业者。如果现代大学不具备为大学生从事一定的社会职业做准备的功能，那么高等教育的大众化就不可能实现，高等教育将仍然是社会特权阶层闲暇的"爱好"。因此，校企合作和工学结合对受教育者职业发展的关注，正是它大众性特征的最好体现。

二、现代职业教育产学合作的重要性

（一）增强了学生专业学习的实效性

这种以学校为主体，企业和学校共同教育、管理和训练学生的教学模式，对学生学习专业知识和技能非常有帮助。学生入学后经过一段时间的知识学习，根据用人单位的要求进行岗位实习。通过参加企业的实习，学生了解和熟悉了企业的生产管理模式，特别是对生产过程和技术有了亲身的体验和明确的认识。这有利于激发学生对专业学习的积极性，主动加强对相关专业知识和技能的学习和训练，提高学生专业实践的能力，为学生的就业奠定基础；同时，也有利于职业学校人才培养与企业岗位需求的"零距离"对接。采用这种"学习—实习—再学习—再实习"的模式，一方面可以让学生既具备扎实的理论知识，又具备熟练的专业实践技能，培养学生适应企业生产岗位的能力，为日后学生的就业发展和成长打下坚实的基础；另一方面，学生通过参加企业实习还可以获得一定的报酬，解决部分学费问题，减轻家长的经济负担，使更多家庭经济困难的孩子有机会接受现代职业教育。这对扩大职业学校招生和办学规模具有重要的促进作用。

（二）有利于学生职业技能和态度的形成

现代职业教育传授的知识可以分为技术知识和制度知识。技术知识是与生产的社会属性无关的生产技术知识，而制度知识则是关于协调分工的知识，要求参与分工的全体人员都掌握的知识，属于公共知识。根据传播方式的不同，这些知识又可以分为可交流的知识和感悟的知识，后者主要通过实践获得。从以上知识的内涵来看，现代职业教育中的一些知识和技能必须在具体的职业活动中获取。尽管学校现代职业教育可以在操作素质、操作技能等方面培养出企业所需的人才，但在操作经验、工作态度、企业文化、企业精神等方面却无法进行有效培训，难以适应企业发展对人才的需求。因此，世界各国兴办现代职业教育普遍遵循的一个规律是通过教育与产业的结合实现教育世界与职业世界的有效沟通。

可以看出，在企业进行实训对于职业学校学生职业技能和职业态度的形成具有极其重要的作用，甚至在一定程度上可以说是不可替代的。学生在企业工作场所进行实训，能够感受到企业工作的职业氛围，有利于培养受训者的工作态度、职业道德、企业文化、企业精神等。而这些非物质化的制度知识在现代企业和人力资本开发中占据着越来越重要的地位。

（三）有利于降低现代职业教育的办学成本

现代职业教育以能力为本位，需要投入大量资金，主要表现在实习实训基地的投资较大。仅依靠政府或职业学校难以满足其发展需求，必须借助企业等社会资源。通过企业开展实训实习具有两方面的优势：一是降低全社会的办学成本；二是与职业院校实训基地相比，在企业工作场所进行实训，学生能够感受到企业的工作氛围，同时了解和接触到各企业和公司视为内部机密的各种设备、技术、程序等，这既开阔了学生的眼界，又使他们了解到本行业的基本情况，有利于培养学生的职业技能和职业态度。因此，许多国家的现代职业教育培养学生实践能力的基地包括校内基地和校外基地。校内基地主要满足基本的或单项的实验实习需求；校外基地则主要完成一些综合性的实训实习训练。这两个基地各有优势，相互补充、有机结合，不仅促进了学生全面职业能力的形成，而且大大降低了现代职业教育的办学成本；同时，学生参与企业生产实践并通过劳动获得收入，也减轻了学业上的经济负担。

（四）有利于实现学生就业与企业用人的有机结合

"校企合作"人才培养模式是一种利用学校和企业不同的教育资源和教育环境，发挥各自在人才培养方面的优势，将以课堂传授间接知识为主的学校教育和直接获取实际经验和能力为主的生产现场教学有机结合起来，以满足企业需求，实现学生职业能力与企业岗位要求之间的"无缝"对接。这种技能型、应用型人才培养模式包括了学生在学校期间的基础知识、专业知识、技术和技能的学习及人文素质的培养；同时，学生在企业实践期间进行技术与实践课程学习、职业素质的培养，并作为企业员工进行顶岗工作，获得相应的劳动报酬。校企合作是我国 20 世纪 50 年代"半工半读"现代职业教育模式的延续与发展，是新时期适合我国国情的现代职业教育人才培养模式。校企合作、工学结合体现了新时期以就业为导向的人才培养模式的要求，符合现代职业教育的本质；是现代职业教育的特色与优势；是职业人才培养最经济、最合理的模式；也是通过教育扶贫，构建和谐社会的重要内容。实施校企合作、工学结合的道路，可以充分发挥教育资源社会共享的优势，实现相互参与、合作服务、成果分享，使职业人才培养更具开放性、科学性和针对性，这对建立职业人才的行业标准和评价体系具有重要的理论与实践意义。"校企合作、工学结合"是实现现代职业教育培养目标的重要保证，是职业院校深化教学改革，使现代职业教育贴近社会、适应经济发展的需要，也是培养高技能应用型人才的一条重要途径。

第二节　企业参与现代职业教育的动机与方式

一、企业参与现代职业教育的动机

一般来说，企业参与现代职业教育的动机通常有三种，即慈善动机、个体动机和集体动机。

（一）慈善动机

在许多西方国家，企业普遍具有社会责任感。例如，美国许多大学在发展过程中都曾接受过大笔捐赠，例如，哈佛大学在成立之初便接受了约翰·哈佛的捐赠；比尔·盖茨也已将其财产的 60%捐给了社会；美国早期商业巨子洛克菲勒晚年也捐出了绝大部分财产；我国内地的许多高校也曾接受过港商的巨额捐赠。

在慈善动机的驱动下，虽然许多企业的个体行为与最终获利之间相去甚远，但他们相信教育的进步有利于整个国家，反过来会使企业受益。例如，在德国的双元制中，虽然企业培养的学徒最终不一定都在该企业就业，但是德国的企业仍然普遍愿意提供培训岗位，因为他们认为，自己培养的这些学徒尽管不一定为本企业工作，但是为整个德国工作的。慈善动机的形成也和企业本身的成熟度有密切关系。西方国家经过几百年市场经济的洗礼，许多企业家开始真正悟出什么是企业。管理学大师德鲁克在一次接受访谈时说道："他们认为一个企业就应该是一台挣钱的机器。譬如，一家公司造鞋，所有人都对鞋子没有兴趣，他们认为金钱是真实的。其实，鞋子才是真实的，利润只是结果。"

（二）个体动机

出于切身利益考虑，也是企业参与现代职业教育的重要动机。企业参与现代职业教育通常可获得以下三种切身利益。

（1）公共关系利益。参与现代职业教育的企业往往可以获得良好的声誉，改善公共关系。比如，在德国，参与双元制的企业通常都拥有较高的社会声誉，而公共关系利益可以通过少数工作岗位或对企业要求不高的产学合作参与方式来获得。

（2）廉价劳动力的来源。有些企业把实习生看作廉价劳动力的来源而参与现代职业教育。对小企业来说，低廉的学徒工资更是其参与现代职业教育的重要动力。如果学徒的工资高，则会降低企业参与现代职业教育的积极性。在美国，除了一些指定部门外，企业有权支付低工资，只要所付工资高于法定的最低水平。

（3）未来工人的来源。有些企业向学生提供岗位是为了招聘未来的职工，实际上，产学合作确实有利于企业招聘合格的劳动力。但是，许多企业不愿意招收青年工人。

参与现代职业教育确实可以为企业带来直接的经济效益。例如，中国第一汽车集团有限公司教育培训中心就是将教育和经营相结合的产物。该中心将教育的价值融入企业，成为企业经营价值链的一部分，使现代职业教育在企业的经营运作中发挥作用。中心将教育培训运作战略重点放在"以外促内、筑巢引凤、借鸡生蛋"上。

尽管2001年一汽集团对教育培训中心的投入减少了500万元，但中心的现代职业教育、培训和产业效益仍然提高，创历史新高，完成了1.4万多学时的培训任务，赢得了用户的普遍好评。这不仅开拓了市场，而且对改造和完善中心的经营环境起到了重要作用。另一个例子是昆明钢铁集团有限责任公司，从 1964 年开始就创办了昆钢技工学校，随着企业的发展又先后成立了昆钢职工大学、昆钢电视大学、昆钢职工培训教育中心等教育培训机构，主要培养冶金、机电类技术人才。

到 2002 年又将这几所学校和培训中心合并组建成立了昆明工业职业技术学院。多年来，这些学校不仅为昆钢公司和社会培养了一大批技术型人才，也为昆钢公司职工培训、企业转型发展提供了较好的人才支撑。目前，昆明工业职业技术学院每年承担昆钢公司各类职工培训任务近 2 万人次，发展成为全日制在校生 1.4 万余人的云南省级示范院校，全国高校毕业生就业 50 强先进院校。类似的成功案例还有很多。越来越多的企业开始不同程度地参与现代职业教育，反映了我国企业的理念与经营模式正在发生深刻转变。

由于教育培训中心的教育过程与企业经营过程紧密结合，现代职业教育的考核才得以与企业晋升、淘汰紧密结合，即建立了严格的劳动力准入制度。

（三）集体动机

在许多国家，提高教育质量的最重要原因是企业缺乏有能力的劳动力队伍。面对这种情况，企业的共同愿望是提高整个劳动力队伍的技能，但单个企业不愿意在培训上投资，因此需要集体努力来提高所有劳动力的素质。虽然集体动机可以支持广泛的现代职业教育产学合作，但只有明确和规范集体利益的规章制度才能发挥作用。

这三种动机同时存在，不同的动机适用于不同层面和条件下的现代职业教育。慈善动机只能是出于自愿，集体动机需要有明确和规范集体利益的规章制度做保障，因此只适用于行业或政府与企业的合作，而不适用于单个职业学校与单个企业之间的合作。最适合单个职业学校与单个企业之间合作的动机是个体动机，职业学校在与企业建立产学合作的过程中应充分利用这一动机。

就我国企业目前参与现代职业教育的动机而言，大多数企业尚未意识到参与现代职业教育的重要性，普遍认为教育主要是学校的事情，企业只需到劳动力市场招聘人才。即使企业有参与现代职业教育的动机并采取行动，也更多地从自身利益出发，出于企业个体的动机。因此可以说，目前我国企业参与现代职业教育的动机还停留在较低层次。事实上，要真正提高我国企业参与现代职业教育的动机水平，需要提高企业的认识水平和整个社会的总体认识程度。就目前情况而言，职业学校在与企业、行业建立合作的过程中仍需充分利用个体动机，并尽可能激发企业的慈善动机和集体动机。

二、企业参与现代职业教育的方式

企业参与现代职业教育的方式有许多，包括为职业学校提供实习场地和资金支持，进行课程开发、师资培训、学生就业等。从产学合作内容的角度看，企业参与现代职业教育的方式主要有提供工作岗位、提供见习机会、投入时间、捐资捐款等。

（一）提供工作岗位

在这种合作途径中，企业为职业学校提供精心设计的工作岗位，与职业学校共同对学生进行现代职业教育。这些工作岗位的设计充分考虑了教学的需要，能够把生产需要与教学需要有机地整合起来。当二者发生冲突时，能够使生产需要服从于教学需要。目前，西方许多国家在现代职业教育领域开展的工本位学习，就是以这一层面的合作为保障的。"双元制"是这种产学合作途径的典型代表。

（二）提供见习机会

在这种合作途径中，企业为职业学校的学生提供见习机会，同时也为教师培训提供岗位。在见习过程中，学生不能进行直接的操作，只能以第三者的角色在旁边观看。在这种合作途径中，企业所投入的人力、物力和提供的工作岗位相对要少得多，因此其合作的程度要浅一些。

（三）投入时间

在这种合作途径中，企业不为职业学校提供物质方面的合作，而只是通过投入时间，提供人力方面的合作。这种合作的内容十分广泛，主要包括以下四个方面。

（1）向学生提供个人咨询。企业可以从员工中选择学生的指导师傅和咨询人员。指导师傅、咨询人员可以和学生在课余、工作场所见面、交谈，与学校保持联系，共同准备学生的面试，并制订学生未来工作和继续受教育的计划。这种相互作用扩大了学生对工作的见识，增加了与成人的接触，有助于学生理解成人在工作中的表现。

（2）提供有指导的实地参观。学生参观办公室、实验室和企业的生产设施，可以架起学生接触社会的桥梁，指导师傅的活动及课堂中的演示和实地参观也有助于学生更好地理解成人的工作世界。

（3）对课程、教学和评价提出建议。企业可以对学校的活动、课程、目标等提出观点和建议，参与学校的教学指导委员会，帮助学校了解工作要求和企业界的情况。学校则可利用这种信息来设计课程、教学材料并进行评价指导。

（4）鼓励学生加强对课程的学习。企业将学生的有偿工作经历与其在校所学内容结合起来，鼓励学生接受学校教育，努力掌握相关的理论知识。这种方式能使学生明白，自己的在校表现对企业很重要。

（四）捐资捐款

在不投入人力而仅投入物力的情况下，企业通过捐资捐款与职业学校开展合作。这种由慈善动机驱动的合作方式通常采用这种方式。目前在我国职业学校普遍存在资金紧缺、资源不足的情况下，企业向学校捐赠资金、设备和仪器来参与现代职业教育非常受欢迎。许多职业学校已经在这方面取得了很大成功，大大缓解了学校实习设备短缺的状况。

可以看出，现代职业教育产学合作途径存在不同的水平，但这并不意味着合作的深度越深就越好。在许多情况下，浅层的合作也是必需的。至于应该采取哪种合作途径，应该根据产学合作的目标来确定。由于我国目前的产学合作仍然处于起步阶段，许多职业学校缺乏行业背景，企业参与现代职业教育的观念还很薄弱，在这种情况下，为了促进我国产学合作稳步发展，应该采取由浅入深的策略，不可急于求成。根据我国企业的实际情况，有条件的企业可以与学校进行深层次的合作，没有条件的企业可以进行较浅层次的合作。虽然这种浅层的合作并不具有典型的产学合作意义，但有利于解决目前职业学校存在的资金不足、课程内容老化、专业设置不合理、学校对产业界需求的反应能力不强等问题。

第三节　现代职业教育产学合作的实施与完善

一、国外现代职业教育产学合作的实施形式

国外现代职业教育产业合作的实施形式，比较典型的有德国的"双元制"、英国的"三明治"教育、北美国家的"合作教育"。

德国现代职业教育产业合作的"双元制"，通常要求受教育者每周 3.5 天要在企业实践，在课堂接受 1.5 天的理论教学。"双元制"主要有两个鲜明特点：一是职业学校的招生和教育计划制订要能够满足企业的需要，企业和经济界需要多少人，就培训多少人；二是以技能培训为主，考试也以技能为主。在现代职业教育产学合作的过程中，德国政府重视企业的参

与，为此颁布了各种法律政策，充分发挥行业组织的作用，给予企业充分的参与权。德国"双元制"的校企合作法规是由联邦政府统筹、各州具体安排、自上而下逐层细化的。"双元制"以联邦政府颁布的法律为核心，联邦政府各部门及州颁布的法律、规章制度为辅的法律法规体系，保障了"双元制"健康有序发展。

英国现代职业教育产学合作的"三明治"教育制度，其通常的做法是学生一入学，就先到工厂、企业进行一年的工业训练，然后回校学习2～3年的理论知识，最后一年再去工厂、企业实习。英国现代职业教育产学合作已经有一百多年的历史，为英国培训了大批各种职业所需的专业技术人才。从英国的经验来看，国家职业资格框架的实施是推进现代职业教育产学合作深入持久开展的主要原因。法律制度历来将企业作为现代职业教育的重要参与主体，形成企业主导的职业技术教育体系；以雇主需求为导向，建立国家职业资格框架（国家职业资格证书制度和职业资格标准体系）；围绕国家职业资格框架，构建了现代职业教育校企合作两级管理体制；建立雇主需求导向的督导评估与拨款机制。

北美国家现代职业教育产学合作的"合作教育"制度也十分典型，这里以加拿大和美国为例。加拿大的"合作教育"，通常的计划是为学生提供在商业、工业、政府、社会服务等领域的工作实践机会，并定期与专业学习进行轮换。美国则形成了法制与市场相结合的校企合作机制。美国经济的持续健康发展得益于现代职业教育为各行业培养了大批优秀的生产和管理人才，而校企合作对培养这些人才起到了很大的作用。美国现代职业教育产学合作得以持久顺利开展，得益于政府法规政策、经费投入和组织机构这三方面的保障。美国通过法律制度建设，构建现代职业教育发展的法律保障；加强经费投入，实行实习成本补偿机制，构建校企合作经费保障体系；加强组织建设，成立了专门机构（国家合作教育委员会）协调校企合作。

此外，日本的"产学合作"模式、澳大利亚以行业为主导的"TAFE"模式、新加坡的工艺学院的"教学工厂模式"等，也都显示出各自的优势和特点。

由上述内容可知，世界主要工业化国家现代职业教育产学合作的实施形式，虽然名称不同，经济发展水平、文化传统和文化环境不同，具体做法也有各自的特色，但其基本点都是以企业为主导或依托企业，学生要以足够的时间进入企业"顶岗工作"，教学要以实践教学为核心，突出了充分接触实际、动手操作，践行了现代职业教育以技术能力、岗位能力为本位的本质特征。不过，德国的"双元制"被公认为是目前世界上最为完善的现代职业教育产学合作形式。

现代职业教育产学合作的顺利、深入开展，离不开政府的有效介入。因此，应借鉴发达国家的成功经验，加快构建我国政府有效介入下的现代职业教育产学合作机制。

二、我国现代职业教育产学合作的实施形式及完善

（一）我国现代职业教育产学合作的实施形式

江苏张家港职教中学的孙伟宏校长发表了题为《探索校企合作模式加快职校课程改革培养优秀技能人才》的报告。他对工学结合办学模式的实习实训基地建设探索了以下九种形式：订单培养培训式、校企互动式、专业指导委员会式、"企业杯"专业技能竞赛式、"产学研"式、举办企业家报告会式、组建校企合作的职教集团式、实习与就业式和共建学校实训基地式。

上海商业学校的张大成校长发表了题为《"工学交替"培养模式的实践探索》的报告。根据各专业学生的实践方式的不同，同时结合企业的

实际需求，采取多种模式来实施工学交替，包括分段培养式、半工半读式、企业订单式、义工劳动或勤工俭学式等。

上述的工学结合、校企合作是我国现代职业教育人才培养模式的重大转变，是现代职业教育走向成熟的标志。但从目前的情况来看，效果并不明显。在现代职业教育产学合作中，企业没有积极性，学校处于被动地位。学校与企业合作机制不是很完善，除了少数省、自治区、直辖市出台了促进校企合作的地方性法规外，大部分省、自治区、直辖市缺乏与我国《职业教育法》相配套的法律条文。特别是对企业来说，由于缺乏对于企业参与现代职业教育的刚性规定，缺乏对于企业参与现代职业教育的正向奖励制度，企业期望的收益难以得到保障，企业参与合作的态度往往是消极应付甚至抵触。同时，学习与岗位不完全符合（不能换岗），学生到企业学习，实际上就是劳动，企业不可能按照学校专业内容安排岗位学习，有的甚至与学习内容无关。目前，职业院校在实践教学方面对学生的操作经验、工作态度、企业文化、企业精神等方面缺乏有效培训，难以适应企业发展对人才的需求。我国现代职业教育产学合作机制还有待完善。

（二）我国现代职业教育产学合作机制的完善

1. 加强法律法规建设，构建校企合作健康发展的制度环境

立法先行是各国政府对新的发展模式进行保障的关键和首要环节。在我国，2002 年、2005 年和 2015 年，国务院召开的 3 次现代职业教育工作会议及 2010 年颁布的《国家中长期教育改革和发展规划纲要（2010—2020 年）》，都确定了政府主导、行业指导和企业参与的现代职业教育校企合作办学机制，强调通过制定校企合作办学法规，推进校企合作制度化。但从整体上看，有利于现代职业教育校企合作的法律制度体系还远未形成。因此，积极推进相关法律制度体系的建设成为进一步推进现代职业教育发展的必然需求。在国家层面，要积极推进《职业

教育法》《职业教育校企合作促进条例》等国家层面法规条例的修订和制定工作。在地方层面，鼓励各地先行先试，积累经验，为国家层面的法律法规的修订或制定提供实践支撑。从学校层面来看，为了促进现代职业教育产学合作的规范化，避免流于随意性，也有必要确立相关制度。

2. 加强统筹水平，将现代职业教育纳入经济社会发展整体战略

现代职业教育是产业结构升级与调整的重要支撑，是经济社会发展方式转型的重要基石，是推进我国由人口大国迈向人力资源大国的推进器。因此，要提升现代职业教育统筹水平，就必然要将现代职业教育纳入经济社会发展整体规划中。

3. 加强顶层设计，构建行业企业积极参与机制

各国政府及其授权的行业组织在校企合作中扮演着指导、组织、监督、评价和考核的角色，为校企合作提供了关键的组织保障。例如，德国在政府层面上建立了行业主导地位的组织机构，并在国家、州和地区层面上建立了行业培训咨询委员会体系，从制度上保障了行业企业对现代职业教育的指导及现代职业教育与企业的有机联系；美国成立了专门机构，如国家合作教育委员会、合作教育协会和技术准备项目合作委员会，起到了协调各方顺利完成合作项目的作用；澳大利亚从中央到地方都设有现代职业教育的专门管理政府机构，如国家行业培训顾问机构、澳大利亚培训产品公司、国家现代职业教育研究中心等。可以看出，构建行业企业全面深入参与的现代职业教育校企合作体制机制，是将行业企业需求融入现代职业教育人才培养，提高现代职业教育质量的重要环节。

在现代职业教育产学合作中，职业学校既可以与企业建立合作关系，也可以与行业协会建立合作关系。因此，必须有一个成熟的行业协会作为前提，它能够在产学合作中发挥有力的中介作用。此外，行业协会在职业培训中通常具有重要地位和作用，因为它是现代职业教育的重要指导者和组织者，也是权威的职业资格认定机构，应重视发挥行业协会在现代职业

教育管理中的作用。加强行业协会建设并不是要重新建立一个管理机构。行业协会是民间机构，其建立只能通过政府引导自发进行，而不能通过政府的力量强制建立。行业协会的功能主要是服务，其收入只能从所提供的服务中获得，对企业并不具备政府意义上的管理职能。

4. 设立校企合作基金，营造校企合作良性发展局面

高昂的培训成本是限制行业企业参与现代职业教育的主要障碍。为了促进现代职业教育中"校企合作"的顺畅和有效开展，确保现代职业教育的质量，各国政府建立了完善的"质量导向"拨款机制，其中财政拨款方式是重要的保障措施之一。例如，德国现代职业教育的经费由国家、州政府和企业三方共同承担，企业的培训费用完全由企业自行支付，而职业学校的经费则由国家和州政府负责；在英国，主要通过继续教育学院、企业和行业技能协会来实施现代职业教育，这些现代职业教育实施主体的办学经费 70%～80%来自政府资助；我国《职业教育法》也提出了要多渠道筹集现代职业教育发展基金。国家相关部门和地方政府可以通过财政投入、社会捐赠、企业培训基金归集等方式多渠道筹集校企合作基金。

5. 完善评价机制，提高校企合作质量

各国政府都建立了完善的现代职业教育产学合作质量评价机制，严格的质量控制是其现代职业教育具有持久生命力和广泛影响力的根本保障。例如，美国劳工部要求全国各级学校将五项基本素质和五种基本能力作为主要教学目标，并建立适当的评价体系，记录学生获取上述能力的情况，同时所有用人单位都要将这些能力纳入自己的人力资源开发内容。目前，我国现代职业教育质量评价体系尚未完全建立。2015 年，教育部发布了《教育部关于深入推进教育管办评分离，促进政府职能转变的若干意见》，指出："推进管办评分离，构建政府、学校、社会之间新型关系……构建三者之间良性互动机制，促进政府职能转变。"因此，借鉴国外先进经验，

结合我国现代职业教育发展趋势，积极厘清政府、学校和社会组织的角色定位，积极构建适合我国现代职业教育质量的内外部评价机制显得十分重要，其中，政府在现代职业教育质量评价体系的构建和运行中扮演着重要的角色。

第四节　现代职业教育产学合作的长效机制构建

一、现代职业教育产学合作长效机制的形成过程

现代职业教育产学合作的发展与社会经济发展和社会制度的发展密不可分。产学合作所形成的组织形态受到来自外部和内部的多重干扰。外部干扰包括科技、文化、政治、经济、法律等因素，内部干扰涉及学校和企业之间的相互影响，以及各自作为独立组织的内部运作机制、结构弹性变化、文化氛围、人员意识等矛盾冲突。

建立现代职业教育产学合作的长效机制是一个复杂的系统工程。它由产学合作长效机制需求的产生、产学合作长效机制的设计、产学合作长效机制的决策、产学合作长效机制的执行与反馈四个环节组成，其内部各层次诸要素之间相互联系、相互影响、相互制约、相互作用。

（一）产学合作长效机制需求的产生

对产学合作长效机制的需求源于产学合作的发展，随着产学合作自身的发展和产学合作各主体利益协调的需要，产生了对产学合作长效机制的需求。这里主要分析产学合作长效机制需求产生的过程及影响因素。

1. 现代职业教育产学合作自身发展产生了对长效机制的需求

回顾我国现代职业教育产学合作的发展，随着经济体制从计划经济向

市场经济的转型，产学合作也经历了"由点到面、由低到高、由浅入深"的演变过程。产学合作的规模、内容和形式不断丰富，合作水平和效果也在不断提高。产学合作的发展过程呈现出明显的阶段性特征。关于我国产学合作发展阶段的研究，有代表性观点包括五阶段论、四阶段论和三阶段论。

自新中国成立初期国家初步探索产学合作，一直到20世纪80年代，产学合作处于国家计划调配的第一阶段。在这一阶段，企业承担了许多公共社会责任，许多企业被赋予教育职责，如企业子弟学校、职工大学等成为当时教育体系的重要组成部分。实施现代职业教育的学校和企业是一个组织内部各部门之间的关系，校企一家、浑然一体，学生实习实践在企业内部完成，无须外部因素协调。然而，从教育的角度来看，行政指令企业办学本身就是一种长效机制。

20世纪90年代以来，我国经济体制和企业的经营机制发生了巨大变革，教育管理体制也进行了改革，因此，职业学校和企业的关系也发生了改变。在这个阶段，国家基本建立了社会主义市场经济体制，企业成为拥有经营自主权的市场主体，独立经营、自负盈亏。原来承担的公共产品或服务（如学校、医院等）的责任都已经从企业剥离；所有职业学校（技工学校除外）的行政管理权都划归教育行政管理部门。

因此，职业学校属于教育系统，为社会提供公共产品；企业属于经济系统，直接创造生产力和价值。两类主体分属不同系统，肩负不同的组织使命和目标，具有不同的组织结构和运作流程，遵循不同的组织原则和发展规律。现代职业教育是一种与经济社会联系最紧密的教育类型，具有职业性、开放性和实践性特点。为了提高技术技能人才的培养质量，现代职业教育必须走产学合作的道路。为了使两种完全不同的组织能够长期、稳定、规范、有效地合作，必须建立产学合作长效机制。

自21世纪以来，现代职业教育规模大幅增长，国家和社会越来越清醒地认识到现代职业教育的本质和规律。为了更好地发挥现代职业教育对经济社会的促进作用，提高人才培养质量，职业学校和企业需要在专业建设、课程建设、实习实训基地建设、教学资源建设、职业教师队伍建设、实习教学等方面开展密切而深入的合作，也能够在人才需求预测、职业能力标准、研究开发、社会服务等方面开展不同层次的合作。2010 年，国务院发布《国家中长期教育改革和发展规划纲要（2010—2020 年)》，提出"建立健全政府主导、行业指导、企业参与的办学机制，制定促进产学合作办学法规，推进产学合作制度化"。至此，行业企业参与现代职业教育的机制创新问题引起了人们的关注，国家为如何发挥行业企业积极参与发展现代职业教育指明了方向，并首次在国家政策层面提出产学合作的制度化建设。2014 年，国务院《关于加快发展现代职业教育的决定》再次提出"健全企业参与制度"，并要求通过制定产学合作的专门性法规、进一步规范企业激励、校企联合招生、联合培养等方面的政策制度来推进产学合作制度化进程。

因此，从我国现代职业教育产学合作自身的发展来看，其正处于由浅层合作逐渐深化，并大规模地向内涵发展的阶段。建立产学合作长效机制是当前现代职业教育产学合作发展的需要，也是提高产学合作成效的重要保障，更是促进现代职业教育质量提升的重要途径。

2. 各相关者不同的利益诉求需要长效机制予以协调

产学合作涉及三类利益相关者：直接介入性核心利益相关者（包括学校和企业）、直接介入性基本利益相关者（包括学生和政府）及间接介入性基本利益相关者（包括行业协会）。建立产学合作长效机制是一个各利益相关者之间进行利益博弈的过程，在这个过程中，各方会提出自己的利益诉求。为了建立产学合作长效机制，应充分考虑各利益相关者的利益诉求，并尽量满足他们的需求。

在产学合作过程中，职业院校的主要目标是通过在企业实施学生实践性教学环节和教师实践性锻炼来提高人才培养质量，从而实现预期目标。

企业作为产学合作中不可忽视的主体之一，在产学合作的"历史舞台"上发挥着重要作用。企业的深度参与将推动产学合作和产学融合的进一步深化。产学合作能否长期有效进行，关键取决于企业自身利益能否得到有效实现。企业表达的利益诉求主要是借助职业院校的人才、技术和科研资源，获取更低成本的技能人才、技术等支持，以实现市场利益最大化。

政府通过多种形式支持产学合作，以期通过产学合作更好地促进现代职业教育发展，为本地区培养更多的技术技能人才，促进社会就业，提升区域创新能力，服务国家或区域社会经济发展，推动企业技术创新和产业转型升级。

学生通过到企业进行顶岗实习实践，能够熟练掌握专业技术技能，提高动手实践能力，获得良好的职业经验与可持续发展能力，提升职业素养和就业竞争力。

行业协会是由生产经营者自愿组织起来的非官方组织，代表企业利益诉求，参与政府政策的制定以维护企业的相关权益。行业协会还可以为职业院校推荐本行业的技术骨干和专家型人才，建立职业院校"双师型"教师人才库。

可以看出，不同的主体有不同的利益诉求。只有建立长效机制，才能让各利益主体通过适当的渠道表达自己的诉求，并通过机制的引导协调各主体之间的利益关系。这样，在政策机制的调整下，各主体可以在自利原则下做出决策，既满足各利益主体的利益诉求，又促进现代职业教育的快速发展，实现公共政策目标。

（二）现代职业教育产学合作长效机制的设计

要设计现代职业教育产学合作长效机制，首先需要明确目标、解决主要矛盾、确定内部构成和要素间的相互关系、运作机理，并预测效果和可能遇到的问题。因此，在设计产学合作长效机制之前，必须进行调查研究，了解产学合作的内容、各方利益诉求、存在的主要问题及其原因，以及国际上先进的产学合作长效机制等。在此基础上，提出符合实际情况的产学合作政策目标和建议，并请相关专家反复研讨和论证，最后提交国家相关管理部门进行决策。

1. 产学合作长效机制内部构成

要建立科学完善的产学合作长效机制，关键在于能否充分调动政府、学校、行业、企业等各利益相关者的积极性，以培养结构合理的高端技能型专门人才为目标，实现各方互惠共赢。因此，在构建现代职业教育产学合作长效机制时，必须明确各利益相关方在合作系统中的地位、作用和价值，以便促进各方充分发挥作用，优化各方利益，形成优势共享、平台共建、利益共赢的局面。

现代职业教育产学合作长效机制体系应包括政府引导机制、法规保障机制、经费筹措机制、产学合作运行机制、决策与管理机制、利益平衡机制、沟通协商机制、优势共享机制、激励与惩罚机制和监督与评价机制十大机制。产学合作长效机制的构建是基于当前产学合作发展的问题、现状及未来发展的愿景而建立的。就我国的实际情况来看，有些机制已经存在并在实践中逐步完善，而有些机制目前还欠缺，如明确政府的作用、增强法规保障的力量、加强激励与惩罚规定、增加监督与科学评价等。总之，产学合作长效机制是一个庞大的机制体系，需要协调好各个子系统之间的关系，同时也需要接受实践的检验。

2. 产学合作长效机制的形成

"机制"是事物的内在工作方式，包括有关组成部分的相互关系及各种变化的相互联系。机制一般指制度机制，从属于制度。也就是说，机制就是制度化了的方法，是指制度系统内部各组成要素之间按照一定方式相互联系和作用的制约关系及其功能。

整体哲学认为，任何作为整体的组织都必然处于永恒的动荡和演化之中，只要条件具备就可以生长发育。根据这个理论，产学合作长效机制是在动态变化中相对稳定的表现形式，是系统内外因素趋势相互合作、相互竞争、反复互动后达成的一种均衡状态。产学合作长效机制应该是一种趋向性而非绝对存在的组织状态，在强制型力量、交易型力量、共识型力量和创新型力量的相伴共生之下不断生长。

强制型力量主要体现在政府作用、法律法规对产学合作的约束力方面。交易型力量主要体现在校企双方在合作过程中的博弈。产学合作中的交易有其自身特点，不同于一般的经济学意义上的交易。学校为企业提供人才和技术研发支持以获得更多更好的实践性教学资源，而企业为学校提供实习实践性教学资源，获得低成本、高素质的技术技能人才。交易型力量主要体现在双方均有交易动机，可以通过交易合作，各取所需。但是，交易的主要标的是人才，是教育活动，这种交易标的本身的价值不易测度，交易的信息不对称，交易成本较高，难度较大，而且双方都面临较大的交易风险，所以，在交易过程中，双方处于激烈的竞争与博弈状态，这种状态会对长效机制的形成产生影响。

共识型力量主要体现在产学合作是各利益相关方为实现利益诉求的达成而形成的共同合作的平台，各方在产学合作中对人才培养、技术进步、社会服务等能够达成共识。创新型力量体现在产学合作中，长效机制的形成具有一定的地域性、行业性、阶段性等特征，这些都是在实践探索及创新思维中产生的，是不可忽视的也必不可缺的。因此，现代职业教育产学合作长效机制是产学合作发展到一定阶段的产物，体现产学合作内外部因素、各利益相关方之间的平衡的结果，具有相对稳定性、规范性、长期性、创新性，能够在相当长的一段时间内指导现代职业教育产学合作的实践。

因此，在构建产学合作长效机制的过程中，政府政策法规、政府职能及行政管理能力、合作主体的认识及利益风险感知、经济环境和经济发展水平等因素都会对产学合作长效机制的设计产生影响。

（三）现代职业教育产学合作长效机制的决策

现代职业教育产学合作长效机制的决策是由相关机构提出解决产学合作突出问题和促进现代职业教育内涵式发展的各种可行方案，依据评定原则和标准，在多种备选方案中，选择一个方案进行分析、判断并付诸实施的管理过程。如前所述，现代职业教育产学合作长效机制的内部构成复杂，每个构成部分所依托的载体不一定相同，从制度层面看，可能是法律法规、意见办法、通知规划，也有可能是部门规章或是领导讲话等；从管理机构层面看，有国家层面、地市层面、县级基层及学校、行业企业等。因此，其决策会因为各项机制的载体不同，而由相应的部门做出选择。在选择过程中，决策主体的个人因素，如其认知和态度、专业水准、行事风格、决策方法等会对决策产生影响。同时，决策时的环境（包括经济、政治、文化环境）也会对决策产生影响，并且固有的产学合作机制也会影响产学合作长效机制的决策。

（四）现代职业教育产学合作长效机制的执行与完善

现代职业教育产学合作长效机制的最终形成是一个在实践中不断探索并总结经验、不断完善的过程，是一个循环往复又螺旋式上升的过程。每一个机制的建立都经过了实践的反复检验，都会是一个不断适应社会经济、社会制度、社会文化等诸多外部因素不断变迁的过程，也会受到产学合作各利益相关方的发展的影响。因此，在产学合作长效机制的执行或实施过程中，会有执行信息和结果反馈到产学合作长效机制的形成系统中，为产学合作长效机制的修改和完善提供借鉴与参考，从而使得产学合作长效机制更具稳定性、发展性和长期性。从产学合作长效机制的执行来看，在政治、经济、社会文化、技术革新等外部环境的影响和具体因素的刺激下，产学合作各利益相关者都在此过程中扮演不同的角色，发挥着各自应有的作用。

首先，政府在产学合作长效机制的执行和完善中扮演着重要角色。在我国的政治、经济和教育发展背景下，各级政府在现代职业教育产学合作各利益相关方中的作用最为特殊，政府可以发挥统筹、引导、推动、监督和协调的重要作用。在产学合作长效机制的运行过程中，政府可以从全局的角度观察产学合作活动，研究现代职业教育产学合作的活动规律，监督和规范产学合作活动，发现产学合作的问题，找出产学合作机制运行的不足和原因。政府还可以邀请相关部门和专家组成专门团队进行现代职业教育产学合作的专题研究，寻求解决方案。

其次，学校和企业是产学合作长效机制的两个执行主体。职业院校和企业是产学合作的两个主要参与者，同时也是产学合作机制的运行主体，两者缺一不可。

最后，行业是产学合作长效机制可持续发展的支持和推动力量。行业协会作为整个行业的代表，代表和维护成员企业的利益，成为政府与企业之间的桥梁。同样，行业协会也是学校与企业之间的桥梁，成为产学合作育人的桥梁组织，在产学合作机制运行过程中充当中介，推动和支持产学合作，并为产学合作提供咨询和服务。然而，与发达国家相比，我国行业组织的发展相对滞后，组织发展水平、职能和建设都处于较低水平，在整个社会经济中的地位也较低。因此，行业组织在产学合作中处于弱化状态，导致我国的产学合作运行机制存在诸多问题。为了完善产学合作机制并形成长效机制，行业组织应在产学合作机制的执行和完善过程中发挥作用并接受反馈，从而不断完善产学合作机制。

二、现代职业教育产学合作长效机制的形成模式

模式是指从生产经验和生活经验中经过抽象和升华提炼出来的核心知识体系。现代职业教育产学合作长效机制的形成模式分为政府主导型、市场主导型和学校—企业"双驱动"型三种。

（一）政府主导型

产学合作长效机制的政府主导型形成模式是指政府通过计划或政策等方式对产学合作施加强有力影响而形成长效机制的过程模式。在这种模式下，以政府为主要驱动力量，识别产学合作长效机制的需求，并组织长效机制的设计与决策，再通过现代职业教育实践系统的执行与反馈，不断完善，最终形成产学合作长效机制。

（二）市场主导型

产学合作长效机制的市场主导型形成模式是指产学合作双方在自愿平等、互惠互利的基础上，以市场和社会需求为导向，采取市场机制运作，按照市场规律办事，体现市场机制优势的一种合作模式。在这种模式下，以市场交易为主要驱动力量，依靠在市场经济条件下学校和企业双方的需求，以及社会的需求为产学合作动力，通过竞争机制和价格机制等，在企业培训、研究开发、合作办学、社会服务等领域建立产学合作长效机制。

（三）学校—企业"双驱动"型

产学合作长效机制的学校—企业"双驱动"型形成模式的主要推动力来自学校和企业两个主体，学校和企业的合作意愿是主要的系统输入变量。这种模式指的是在各自发展过程中，合作双方基于强烈的

合作需求主动探索合作模式并不断完善，形成长期合作关系和合作制度的过程。

综上所述，无论是哪种模式形成的产学合作长效机制，在形成过程中都会受到政府因素、企业因素、职业学校因素、产学合作本身的发展及经济水平的影响。其中，政府因素包括政府对产学合作的认知能力、法规政策水平、行政管理能力、协调能力等；职业学校因素包括学校的发展阶段、内部要素水平、创新能力等；企业因素包括企业的发展阶段、对产学合作的认知和态度、内部要素的素质和创新能力等。

三、现代职业教育产学合作长效机制的建立

如果说产学合作的根本动力源于资本增值和复制的冲动，那么长效机制的建立则是在共赢的基础上，对产学合作利益相关者之间的关系及其运作方式进行设计。以可持续发展的姿态，尽可能地增加双方对持续合作的欲望，以获取更多的"剩余合作机会"。层次、形式和功能是事物运行和发展的基本方式，它们共同构成了事物的内在联系和运行方式的内在逻辑结构。教育的层次机制、形式机制和功能机制共同构成了教育机制的基本范畴。高等现代职业教育产学合作长效机制的建立是一项长期、系统的工程，需要从层次机制上进行全面规划，从形式机制上进行合理规范，从功能机制上不断完善。

（一）产学合作的长效层次机制

现代职业教育产学合作的层次机制是一种相对宏观的教育机制，但随着产学合作的深入发展，需要推动产学合作从宏观框架向微观操作转变，从简单叠加向综合互动转变。这是建立长效合作机制的基础和前提，必须从宏观、中观和微观层面进行全面构建。实质上，这需要在合作的广度上进行拓展，建立更广泛的战略合作联盟，克服场域间资本和信息流动的单

向化倾向；同时在合作的深度上进行挖掘，不断提高合作的有效性和受益程度。

首先，从宏观层面来看，建立现代职业教育产学合作的长效机制需要拓展教育合作伙伴关系。过去，现代职业教育产学合作往往呈现出单向、线性的特点，这对职业教育的长远发展不利。为了克服这一问题，现代职业教育应以产学合作为核心，发展包括政府、行业和企业在内的更多教育合作伙伴关系，为产学合作提供更多信息和资本支持。

其次，从中观层面来看，建立现代职业教育产学合作的长效机制需要构建以专业（群）为基础的合作平台。要克服现代职业教育产学合作的表层化问题，建立长效合作机制，必须建立以专业（群）为基础的合作平台，加大人力、物力、财力投入，鼓励专业（群）逐步独立面向市场，与企业、行业、行业主管部门、行业协会开展多层次、综合性合作。同时，鼓励专业（群）、行业、骨干企业组成协作组织、职教集团，甚至成立具有法人资格的股份制实体，不断推动产学合作向更深层次发展。

最后，从微观层面来看，建立现代职业教育产学合作的长效机制需要与合作企业进行全面、综合的互动。作为一种开放、融合的教育形式，现代职业教育应加强与行业、企业的交流与互动，促进校园文化与行业文化、企业文化的融合。在保证各方利益的前提下，将合作落实到人才培养、科学研究和社会服务的具体工作中。

（二）产学合作的长效形式机制

形式机制是从形式的角度来考察教育现象各部分之间的内部联系及其运行方式，包括"行政—计划"式机制、"指导—服务"式机制和"监督—服务"式机制。

（三）产学合作的长效功能机制

现代职业教育产学合作长效机制的建立，在层次上要不断走向深入，在形式机制上要建立起政府、行业对产学合作工作的合理关系，有赖于长效功能机制的不断完善。功能机制是从功能的角度考察教育现象各部分的相互关系及其运行方式，包括激励机制、保障机制和约束机制。

1. 激励机制

首先，从国家层面制定和完善相关政策，以激励地方政府关注区域经济与现代职业教育的协调发展，同时鼓励行业支持区域高等现代职业教育的发展。

其次，学校可以通过设立企业奖学金和助学金，邀请企业领导到校举办讲座，进行参观，设立企业冠名班，以及聘请兼职教授、荣誉院长等方式，加强企业与学校的联系，激发企业的社会责任感，增加持续合作的机会和可能性。

再次，在产学合作过程中，应确保合作企业对优秀毕业生享有优先录用权。满足合作企业这一基本利益要求是产学合作激励机制的重要基础。

最后，可以通过减免合作企业税收、授予积极企业荣誉、认定人才培养示范基地等方式，使合作企业获得更多的经济资本和符号资本，从而激励其积极参与产学合作。

2. 保障机制

现代职业教育产学合作的保障机制主要包括制度保障、物质保障和组织保障三部分。

（1）制度保障。现代职业教育产学合作的制度保障应从四个方面入手。首先，要完善现代职业教育集团的工作程序，细化各种组织章程及各项管理制度。其次，强化现代职业教育产学合作的国家制度建设，并将其深入到产权、人事、税收、分配等各个领域。再次，明确现代职业教育产学合作办学模式的法律地位。最后，对职业院校专业制度实施专业标准化建设，并促使企业、行业参与其中。

（2）物质保障。现代职业教育产学合作的物质保障主要体现在政府的财政投入上，地方政府要确立财政投入的主体地位，加大对现代职业教育产学合作的财政扶持，同时要充分发挥市场作用，建立起以财政投入为基础的多元投资体制。

（3）组织保障。现代职业教育产学合作的组织保障应从以下两个方面入手。

首先，成立产学合作协调委员会。委员会的成员主要包括地方政府各相关部门、学校代表、企业及行业协会。委员会的工作主要是为政府、学校、企业及行业牵线搭桥，加强四者之间的沟通与交流，从而降低产学合作的交易成本。

其次，催生现代职业教育集团。现代职业教育集团应为区域性或行业性的，办学主体应多元化，权、责、利应明确到位，内部组织机构应健全，从而降低内部成员的组织成本。

3. 约束机制

现代职业教育产学合作的约束机制主要包括以下四个方面内容。

第一，法律约束。现代职业教育产学合作办学模式应实施依法治教、依法管理。

第二，评价约束。现代职业教育产学合作应建立成熟的评价体系，评价主体主要为教育专家和行业专家，评价对象就是产学合作项目，评价标准为产学合作协议条款的落实情况。需要注意的是，应在教育主管部门的组织、监督下进行。

第三，育人为本。现代职业教育产学合作应该坚持"育人为本"基本原则，积极维护学生合法权益，同时兼顾社会效益和经济效益，以满足各方利益为基础，建立发展型合作关系。

第四，资格认定。现代职业教育产学合作应借鉴国外经验，积极发展以行业协会、专业团体等为代表的"第三部门"开展专业鉴定及职业资格认定，建立与相关企业的质量契约关系。

参考文献

［1］ 贺祖斌. 现代职业教育管理［M］. 北京：北京师范大学出版社，
2010.

［2］ 陈玉祥. 教师职业道德［M］. 南京：南京大学出版社，2016.

［3］ 王利明，陈小荣，刘鹏飞，等. 高等职业教育课程开发与实施技术
［M］. 北京：中国轻工业出版社，2011.

［4］ 黄艳芳. 现代职业教育课程与教学论［M］. 北京：北京师范大学出
版社，2010.

［5］ 王纪东. 职业课程新论［M］. 北京：北京理工大学出版社，2012.

［6］ 柳燕君. 现代职业教育教学模式：现代职业教育行动导向教学模式
研究与实践［M］. 北京：机械工业出版社，2013.

［7］ 李强. 现代职业教育学［M］. 北京：北京师范大学出版社，2010.

［8］ 袁华，郑晓鸿. 现代职业教育学［M］. 上海：华东师范大学出版社，
2010.

［9］ 吴建新. 现代职业教育校企合作长效机制研究［M］. 北京：科学出
版社，2016.

［10］ 沈小暗. 现代职业教育论［M］. 重庆：西南师范大学出版社，
2017.

［11］ 邓泽民. 现代职业教育教学设计［M］. 4 版. 北京：中国铁道出版社，2016.

［12］ 胡斌武. 现代职业教育学［M］. 北京：高等教育出版社，2015.

［13］ 于漫宇. 终身教育视野下的现代职业教育发展研究——当代中国现代职业教育发展观探索［D］. 桂林：广西师范大学，2015.